和平里纪事

巴义尔 著

中国民族文化出版社
北 京

序

紧邻北二环的地坛公园，是古老北京的地标之一，承载着这座城市丰富的历史，承载着史铁生的故事，更承载着和平里人的欢笑。对于居住在和平里片区的居民来说，位于和平里西街十字路口的和平鸽雕塑则是专属和平里的醒目地标，这是曾经在和平里居住八年的作家肖复兴心心念念的地方。这个诞生于上世纪 80 年代初的城市雕塑，寓示着和平里地区命名的由来，也陪伴着这里的人们度过了太多太多美好的时光。

在北京，和平里是一个神奇的所在。它是北京人公认的老资格，多数老北京都在这里居住过、奋斗过。以至于说起和平里，很多人都能谈上一段。有人说，第五俱乐部有他们无数不眠的夜晚；也有人说，位于地坛公园边的金鼎轩总店才是中年男人最后的庇护所；有人说，当年这里的战犯楼，居住过杜聿明、王耀武、范汉杰等原国民党高官，就连末代皇帝溥仪都经常来这里探访友人；也有人在这里聆听过小提琴演奏家盛中国演奏的《梁祝》的经典旋律。当然，这里的名人逸事多得说不清，《南泥湾》的作曲家马克在和平里完成了歌剧《白毛女》的创作；殷承宗演奏着钢琴伴唱曲《红灯记》；李德伦指挥过交响乐《红色娘子军》。李谷一和胡松华两位歌唱家高亢嘹亮的嗓音，在和平里社区犹似天籁；相声大师丁广泉口吐莲花一般的贯口表演，逗笑了和平里乃至全北京、全国的人民。

和平里地区和新中国的发展近乎同步，上世纪50年代，亚太和平会议召开，正开始大规模建设的和平里地区得以命名。随之，国家机关部委开始在这里云集，中央乐团、煤矿文工团、东方歌舞团、民族出版社等文化单位也都入驻和平里。这些单位的职工和家属也就成了和平里第一批的住户。因为聚集了民族出版社、民族画报社、民族团结杂志社、中国民族文化出版社和北京市民族文化交流中心等重要民族单位，这里形成了以交通社区、东河沿社区、七区社区等社区为主的少数民族集中居住区，居住着回族、蒙古族、藏族、维吾尔族、朝鲜族、哈萨克族等数十个少数民族。2021 年 11 月东城区和平里街道被国家民委命名为第九批全国民族团结进步示范区示范单位。

巴义尔是我亦师亦友的好兄长。他在和平里出生、成长，也在这里工作，是资深的画报专家、摄影家，著述颇丰。他 1979 年进入民族画报社，30 年后，我来到了和民族画报社同在国家民委新闻出版大楼的中国民族文化出版社工作，至此，我们成了一个系统的半个同事，更近水楼台地责编了他的多部著作。2023 年春节前夕，当他把《和平里纪事》书稿交给我，嘱我责编并写序时，我心里不免惴惴。说来汗颜，尽管我在和平里这一块前后工作了近 16 年，但对和平里，我印象深刻的也就是单位附近的几家餐厅和离单位不远的第五俱乐部而已。只知道“五俱”是和平里几代人的共同记忆。老一辈儿的和平里居民在这儿听过相声、看过演出；70 后、80 后们则都来这儿 K 过歌，声嘶力竭地吼过一宿又一宿。除此，对和平里，我了解的真是少之又少。毕竟对不习惯东奔西跑的我来说，和平里这一带太大了，从一区到十四区，和平里、和平街，我到现在也傻傻地分不清。所以，只能写下我编辑完书稿的感受，勉强作为对兄长厚意的感馈吧。

作为土生土长的和平里人，巴义尔对和平里可谓是如数家珍。无论是生活设施还是住行，以及这里的每一家单位、每一片楼宇的落成以及重建、改建，在《和平里纪事》里都有详尽的描述。更为难能可贵的是，得益于他新闻人的敏锐视角和他摄影家的身份，自上世纪 80 年代至今跨度 40 余年的和平里地区发展演变，在他的镜头下一一展现，仿佛纸上纪录片，伴着质朴的文字，浓郁的生活气息和民族风情扑面而来，颇有时光倒流之感，令人读来感慨不已，回味悠长。

由巴义尔对和平里最早的影像记录开始回溯，作者巧妙地通过姐姐、哥哥以及自己的回忆，以细腻、理性、客观的视角还原了上世纪五六十年代和平里人们的生活以及姐弟们的快乐时光，也还原了他的父辈一代知识分子生活清贫却精神富足的风貌。同时，他也借助史料和回忆，回顾了民族出版社初创年代的非凡之路，以及各民族精英在和平里大家庭中的生活场景，既情真意切又烟火气十足，也是一代人无不念念不忘的过往，更是国人对那样一个时代的集体共鸣。

巴义尔是蒙古族，是在和平里生活的多个少数民族同胞中的一员。他生在和平里，根在广袤的草原。作为长期致力少数民族文明视觉化传达并卓有建树的新闻工作者，职业素养和寻根天性使他的视野更为广阔。于是，在他的笔下，以和平里为基点，以天安门为中心，延伸出围绕民族出版社形成的国子监—雍和宫—和平里的“东北文化空间”；围绕西单石虎胡同中央民族学院附中形成的附中—民族文化宫—广电大楼的“西南文化空间”；围绕中央民族大学形成的白石桥—魏公村—倒座庙的“西北文化空间”。三个民族文化空间贯穿北京城核心区，也以其各自的浓郁民族风情让读者的视野随之跃动。

以三个民族文化空间为轴，《和平里纪事》一书把读者引入深远的历史时空。3000 年建城史，800 年建都史，北京以其独特的地理、历史位置，注定成为多民族交流、交往、交融，成就中华民族共同体的首善之区。于是，胡同、庙会，白塔寺、国子监、地坛，等等，开始次第进入读者视野，使本书更增添了厚度、深度和文化底蕴。

如今的和平里，已远离了大规模建设时的喧嚣，和北京的其他社区一样，这里平静得近乎普通。然而，当你有时间在当年的筒子楼居民区里走一走、转一转，或许也会激起你了解它、亲近它的愿望。当年命名时的美好祈盼，如今的民族团结示范地，和平里，这片充满浓厚人文风情的沃土，见证了无数人的征程，见证了无数家庭的奋斗，也无时无刻不在演绎着各民族交往、交流、交融的故事。感谢巴义尔，这本书的文图让我们得以站在新的起点，回首往昔，踔厉奋发。

谨以为序，祝贺民族出版社成立 70 周年，祝福和平里的美好明天，致敬热爱这片土地的人们。

张宇

2023 年 4 月

1950 年发行的保卫世界和平邮票。

1952 年庆祝亚洲及太平洋区域和平会议邮票。

目录

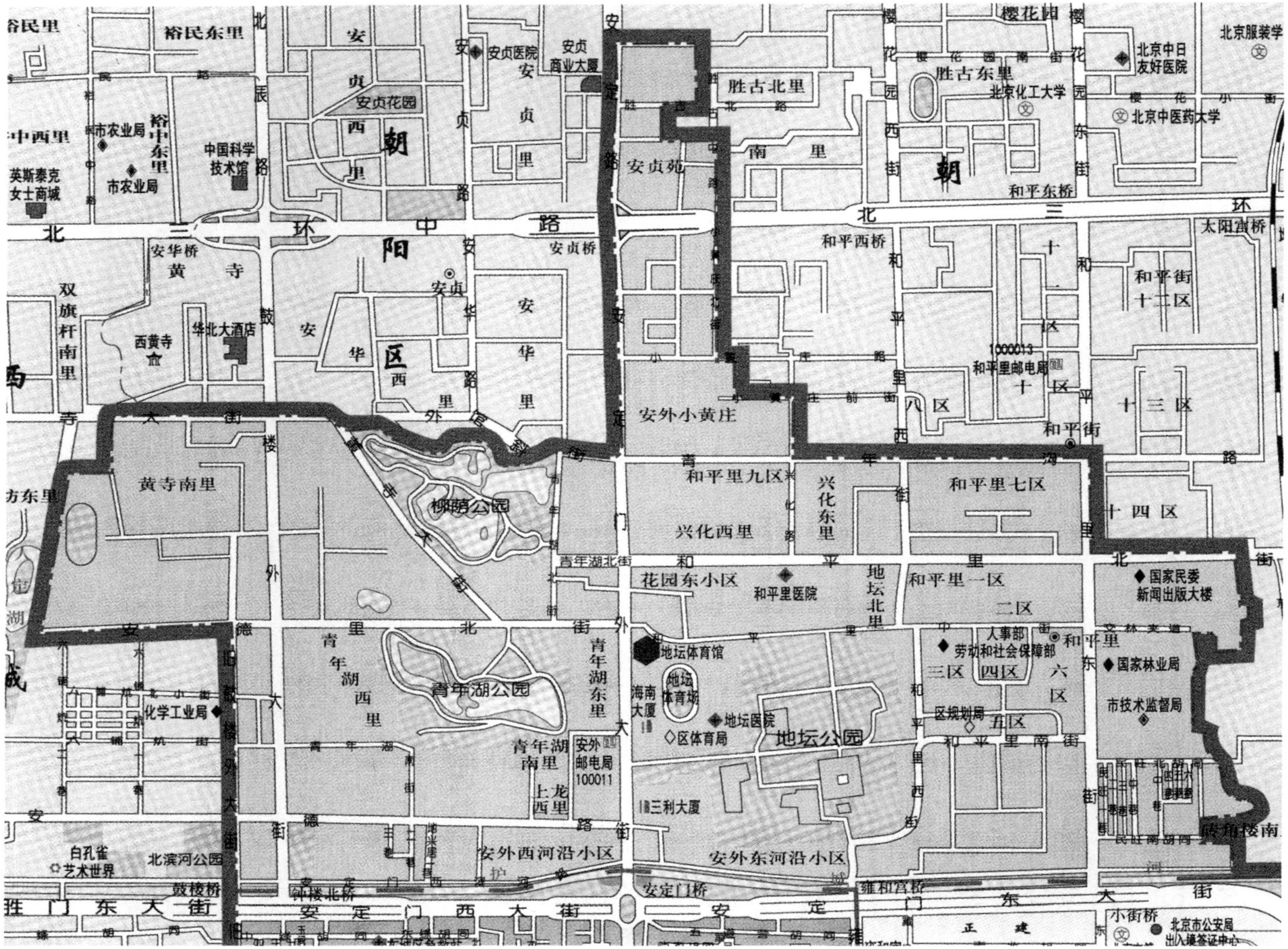

和平里街道图，图片右上角至北三环即是和平街地区，引自《和平里街道志》。2008年

引子

北京和平里是一个地区名，在东城区安定门外，面积几平方公里，是新中国新事物的开端，是内涵丰富的存在，也是一个立体的记忆。往大了说，它与国家发展轨迹同步；从小处讲，承载了很多行业、诸多领域的人们在此工作和生活的成长与情怀。在他们身上折射着怎样的国家政策道路，点点滴滴的生活细节有着怎样的生动波澜，后续怎样沿革赓续等等，都是值得探讨议论的话题。和平里是地名，但是它多元并存，包含了政治、经济、人文的方方面面，堪称一个时代的缩影。这里有林业系统、煤炭系统、文化系统的多个部门，由于内涵厚重，很可以按照“和平里 +N”的模式分别叙述，相信那必定是一份丰厚的文献。本书以“和平里 + 民族”这个切入点来讲述，具体说就是与和平里地名同时诞生的民族出版社为原点，划出一个“民族文化圈”并带出相关信息，借以反映时代、国家、民族、发展的宏大主题。当“民族”的名词与和平里这个地名黏合后，又能回溯到了哪些历史？

本书有许多独到的见解和观察。对本地区宏观概念的时空梳理、通过历史记载联系起当今的文化传承脉络、通过具体实例反映党的民族政策光辉、通过经历者的细节回顾新中国的时代风貌。

作者生长、工作于此，对该地区有着深厚的情感和浓郁的记忆情结，结合两代人的生活、工作经历，通过作者姐弟三人的回忆外加相关资料和数百幅珍贵图片，以第一人称写法构成“和平里一个家庭的口述史”，是新中国一个新地区建设 70 年的细节见证。地区史、单位史、家庭史紧密地结合，成为国家进步发展的水滴折射，补充了史志框架下的生活枝叶，具有一定的可读性和史料性。

本书成稿时正值和平里地区命名 70 周年（1952—2022），谨以此书献给和平里一份记忆，更是对和平主题的祈盼与赞美。

一　和平里的诞生

1. 和平是时代主旋律

1952年，面对美国操纵对日和约，加速日本军国主义复活，破坏朝鲜停战谈判和在亚洲区域建立军事基地，准备发动更大规模的战争，亚洲及太平洋区域的和平和安全遭到严重威胁的严峻形势，宋庆龄、彭真、郭沫若等11人代表中国人民的意志，根据世界和平理事会与国际和平保卫者们的热诚建议，于1952年3月联名邀请亚洲和太平洋区域的和平人士共同发起了“亚洲及太平洋区域和平会议”。会议于1952年10月2日—12日在北京召开，有37个国家的367位代表和部分列席代表及特邀来宾。会议通过了《告世界人民书》《致联合国书》《关于日本问题的决议》《关于朝鲜问题的决议》《关于文化交流问题的决议》《关于建立亚洲及太平洋区域和平联络委员会的决议》等决议。为庆祝这次盛会，中国邮电部在会议开幕当天发行了一套纪念邮票。1952年第1期《苏联》画报刊登了中国科学院院长郭沫若获得1951年度“巩固国际和平·斯大林国际奖金”的照片。这个时期中国人民和朝鲜人民沉浸在抗美援朝战争胜利的喜悦中，中国也亟待在和平的环境中快速建设和发展。总之，那是个和平主旋律高扬的时代。

此时，北京安定门外地区正在大规模建设，为了纪念这次和平会议，北京市政府将这一地区命名为和平里。这可能是北京市最早的、大规模的、高档次的集中连片居住办公小区。这里集中了很多国家机关，政务、文化气氛非常浓厚。如果以民族出版社为中心点的话，周边一千米之内有原煤炭部（今国家矿山安全监察局）、林业部（今国家林业和草原局）、劳动部和人事部（今人力资源和社会保障部，加挂国家公务员局、国家外国专家局）、交通部部分机构、化工部的部分机构、文化部的部分机构、中国航天科技集团的部分机构，还有几个部委的招待所（宾馆）以及这些单位的宿舍。还有北京市土地资源管理局、北京市标准化研究院等市属单位（后面细说）。这些机关的人们是从各地抽调来的人才，相应地，这里的服务设施也多，副食店、照相馆、百货商店、公园、电影院都有，居民文化层次也较高。若论“小区”的概念，和平里是北京市的首批大规模建设的小区之一。同时代建设的还有几处，如三里河集中了财政部、国家计委（现国家发改委）、中国科学院、国家统计局、国家工商行政管理总局等多个部委以及钓鱼台国宾馆和高干住宅南沙沟小区；百万庄一带有建设部、外文局以及多个进出口公司和《解放军报》等部队大院。

每个机关单位集中的地区必定配套相应的住宅、商业、交通设施等。比如和平里就曾有104、108无轨电车直达北京站、崇文门，现在它们的和平里终点站原址盖起了北京银行大楼，两条路线也分别改线延长了。13路汽车从和平街出发（现已延长至小营）横穿东城区、西城区到达三里河，连接了两大政府办公区，加上配套的邮局、医院、银行、照相馆、副食店、百货店、粮店、学校等，无不显示出该地区的重要性。由于这样的布局，人们不用花很多时间在上学、交通和购物上，方圆几百米内的生活工作圈都有了。那时候不用说私家汽车，没有自行车也能很从容地生活，这也和当时的经济条件相适应。

2. 和平里的范围

和平里位于北京市东城区东北部安定门外，元代为大都城的北垣，明代此地称为安定门关厢，清代称北城灵中坊，民国时期为北京城外郊区，散布着乡村人家。20世纪50年代这里还是杂草丛生，涓涓流水，马路到了这里就拐弯了，是104、108路电车的终点站。还曾经有个和平里火车站，主要是货运，为当时地处这里的北京市煤炭公司四厂、北京市建材公司、北京造纸总厂等供货、供煤，顺便充当蔬菜运输线。如今该线的部分路段融入地铁13号线，旧址上现有林达大厦、金泰大厦等。有意思的是，13号线的“光熙门站”正是元大都东城墙城门“光熙门”及瓮城，古今事物就这样重叠起来了。从和平里往东看去，当时一片草地和农田，20世纪80年代这里开始大开发，建筑方包括内蒙古的建筑公司，该地区名为“柳芳北里”，如今已是繁华地区。

如果以和平里十字路口为中心点（以民族出版社为坐标）画个圆圈，大体上方圆1—2公里内都算作和平里地区，南到小街桥、雍和宫桥、安定门桥（均在北二环、护城河一线）；北至和平西桥、和平东桥（均在北三环）；东到北土城路、青年沟路；西至安定门外大街。

在这个范围里，和平里北街、和平里中街、和平里南街是东西向，和平里东街、和平里西街是南北向。有意思的是，民族出版社、民族画报社、民族团结杂志社、中国民族文化出版社办公大楼地处和平里十字路口东南角，门牌号是和平里北街14号。和平里北街元代时称为光熙门街，明代因城墙南移，此处为乡间土路。1953年修建马路，称和平北路（民族画报社的信封上印着和平北路）1965年整顿地名时改为现名。一路之隔，对面就是朝阳区了，但地名仍

《我们热爱和平》（阙文摄制）招贴画诞生于抗美援朝时期，首印即达500万张，极大地鼓舞了志愿军战士和全国人民。

1952年第1期《苏联》画报中文版。

郭沫若先生
（中國科學院院長）

頒發一九五一年『鞏固國際和平』斯大林國際獎金

『鞏固國際和平』斯大林國際獎金委員會
一九五一年十二月二十日通過的決議。

爲表彰努力保衛和鞏固和平事業方面的卓越功績起見，特將『鞏固國際和平』斯大林國際獎金授予各國民主勢力中的如下人士：

（一）郭沫若先生——中國科學院院長；
（二）南尼先生——意大利國會議員；
（三）大山教授——日本國會議員；
（四）費爾頓女士——英國社會活動家；
（五）節格爾斯女士——德國作家；
（六）亞馬都先生——巴西作家。

獎金委員會主席　斯科貝里岑。

委員會副主席　阿拉貢（法國）。

委員會委員：

貝爾納（英國），尼魯達（智利），德姆波夫斯基（波蘭），薩多元努（羅馬尼亞），安德爾辛—涅克塞（丹麥），法捷耶夫（蘇聯），愛倫堡（蘇聯）。

一九五一年十二月二十日。　莫斯科城。

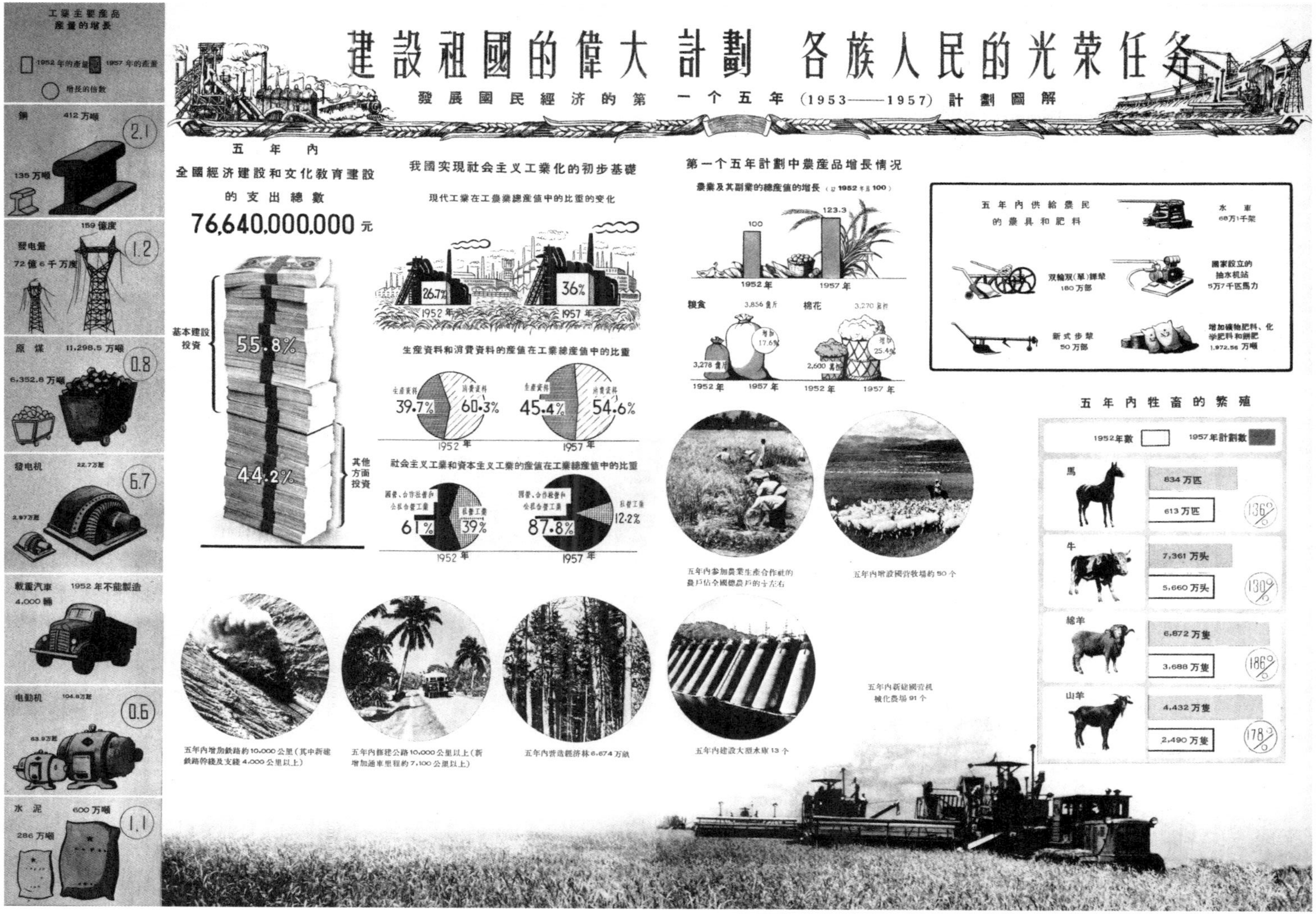

和平里建设的年代正是新中国“一五”建设时期，引自《民族画报》1955年第5期。

和平里的西面，青年湖。
1982 年

安定门桥。1983 年

安定门桥安定鼎。
2022 年

和平家园东门。
2022 年

和平里的北端，
北京化工大学。
2022 年

和平里的南端，雍
和宫人行桥，如今
沙尘天气已经少见。
2002 年

然是“和平”的延伸——和平街。从地图上看，和平街的面积比和平里小。在“和平里”范围内除了诸多和平名称的街道外，还“客串”着青年沟（当时都是大排水沟，北京市发动青年们整修，故名）、小黄庄、交林夹道、民旺园（含民旺南、北胡同和多条巷子）等名称，这些街巷镶嵌在和平里地区。

实际上，若以“和平里街道办事处”（简称街道办、街道、办事处）的管辖范围论，那可“管得宽”了，已经远远超出和平里地名范围。1955 年设和平里街道和渣子坡街道，1958 年合并为和平里街道，1960 年改为和平里人民公社，1971 年将和平里人民公社党委改为和平里街道党委。根据《和平里街道志》记载，其管辖范围东到东土城路，西至人定湖北巷、旧鼓楼外大街，南到北护城河中心线。行政关系西与西城德外街道办为邻，北与朝阳区和平街、安贞、小关三个街道办为邻，南与东城区安定门、北新桥两个街道办为邻，东与朝阳区香河园街道办为邻。和平里身处三区要冲，堪称非凡。和平里街道至 2007 年末辖 26 个社区。包括交通社区、林调社区、民旺社区、上龙社区、柏林社区、六区社区、五区社区、安德路社区、二区社区、冶金社区、七区社区、六铺炕社区、化工社区、安德里社区、兴化社区、人定湖社区、小黄庄社区、总政社区、安贞苑社区、地坛社区、黄寺社区、新建路社区、东河沿社区、西河沿社区、青年湖北里社区、青年湖社区。整个辖区呈“凸”字形，东西约 3.7 公里，南北约 2.6 公里。

还有一条很重要：和平街。非此地的人们通常很容易把和平里、和平街视为一体，在全国范围里看，和平字样的地名不在少数，这完全可以理解，哪个时代不希望和平呢？

和平街隶属于朝阳区。根据公开资料，1956 年小黄庄乡和五路居乡合并为东郊区五路居办事处，1990 年更为现名。辖胜古庄、樱花园、和平东街、砖角楼、和平家园、十四区、小黄庄、煤炭科技苑、胜古北等 9 个社区。与和平里大体是同期建设的，也是和平概念的延伸；它与和平里紧密衔接，常常只隔一条马路。就像电影《渡江侦察记》里的那句经典台词：“灯标以西归 66 师管，灯标以东归 68 师管”。哈哈，戏说。

本文所写的和平里是个原点，从名称渊源上讲，从传播学角度讲，和平里的概念就像一个文件名，打开之后还有若干子目录，它的地标影响力是公认的，它的地理辐射与文化辐射可以不囿于现在的行政区划。所以，本书的“和平里”包括了和平里地名范围、和平里街道管辖范围、和平街，也可分狭义、广义两说讲述。

从起源、地域、建制、文化层面上综合考虑，姑且称为“大和平里”吧。由于居住、工作在此的“和平里人”巨多，一定还有更为精细、准确、精彩的论述。

《民族大团结万岁》，陆鸿年、王定理、徐启雄、郝之辉、龚建新、谢慧中、邵声朗、姚治华作。

3. 筒子楼的记忆

和平里地区在相当长的一段时间里相当数量房子的基调是筒子楼。这是很大的一片小区，有几十栋楼房。还有部分平房，还有部分单元楼，那是当时少量比较高级的住宅；还有若干独立院落，那是庙宇和富贵阶层的专属。从居住角度看，除了零散建筑，还有一区至十四区的大面积居民楼。就小区这个概念而言，唯有筒子楼深深地铭刻在记忆里。

筒子楼多是二层，少有三四层的。有拙诗曰："一条走廊几十米，数十房间排两边；厨房厕所大家用，出来进去总相见。"这是北京胡同文化的一次更新，带着胡同大院的痕迹，尚够不着单元楼。灰砖为主，兼有红砖。彼此能够见面，却也相对独立，容积率高，建设成本低。比四合院开放，比单元楼简约，是叠加的平房，是快速解决居民住房的速成办法，是向苏联老大哥学习的产物。

北京城民居的传统基调是灰色的，只有皇城才有红墙。胡同是封闭的空间，自然形成胡同文化。很多人理想的家园是"独门独院"，但又很渴望"邻里街坊"。苏联式的风格涌入中国，整齐划一的楼宇间弥漫着共产主义色彩，与其工业化生产体系非常协调，也是新中国创新生活的具体体现，从观念到行为无不打上了深深的时代烙印。

筒子楼的特点之一是横竖都有。就是楼的朝向有东西向、南北向，个别的门是拱形的，像窑洞。以和平里三区为例，两个东西向的楼和两个南北向的楼正好构成一个几百平方米大的正方形，像个四合院，但是阳光、空气、交通都不受影响，妇女们在任意两棵树之间拉个绳子就晒被子、晾衣服，男人们修理自行车或者打家具，孩子们在这个大方块里奔跑，家长从屋里就能看到，推开窗户喊一嗓子"吃饭啦"就齐活了。

筒子楼内的生活也近似于四合院。房门是木头的，不需要铁的防盗门，也没什么担心的，反正大家都不富；厕所是公用的，不分男女，谁进去一插门就行；厨房是公用的，但煤气灶是各家固定的，各走各的表，做饭时还可以顺便聊聊天，切磋一下厨艺；走廊里各扫门前土，这头望到那头，走廊永远有人在活动，安全有保障；当你出门回来后立刻有邻居告知，何时有人来，男的或女的，几个人，敲你们家门了等等，在没有电话的时代，信息的传递并不受影响。甚至下雨了也会有人帮助把主人不在家的晾晒衣服收进来。那时候，无论筒子楼还是单元楼小区都没有栅栏和大门，完全开放，行人车辆可以自由出入。另一方面，在具体的某个楼里大家又都是熟面孔，一旦陌生人路过出入，立刻就引起原住居民的关注，他们可能是擦自行车的男人、晒衣服的妇女、从一楼窗户看着孩子们玩的爷爷奶奶们，直到陌生人消失在视线外或者有本楼的人接应。所以小区里很少有偷盗案件。

对于本单位职工集中的宿舍区来说，筒子楼的一大好处是随时有人喊你喝酒！不要预约，没有隆重，一盘瓜子就唠嗑，两个凉菜就开喝，对民族单位而言，这绝对是生活的重要内容之一。比如民族出版社的蒙古族干部职工们与草原故乡有着千丝万缕的联系，来客了必定招待，花生米、切香肠、酱油大蒜拍黄瓜、西红柿上撒白糖，四个菜就开席。草原来的煮羊肉端上来就是最硬的菜。香气从开着的窗户飘向邻居，敬酒歌回荡在筒子楼间，气氛立刻达到高潮，把没有草原亲戚的城市人们看得直流口水，驻足寻觅：这是哪家？

和平里地区有很多 3—7 层单元楼，仅七区就有 1—38 栋。1976 年唐山地震后陆续加固了水泥围腰和立柱，至今还保存着许多，按民用建筑标准早就过了寿命期，却因其地理优越，汇集了多所名校，大量住宅成为学区房，房子虽然老旧局促，房价却节节攀升，标价远高于同地区的新房。1994 年起，筒子楼陆续被拆了，原址盖起了许多高楼，人口容量大增。毕竟地段太好了，只有两层，实在是浪费了。而且，筒子楼的使命也完成了，砖结构的房子寿命也基本到了，退出历史舞台是必然的。

4. 环境和交通

这里的单位有中国农工民主党中央委员会、林业部（国家林业和草原局，农业部也曾经在此办公）、全国绿化委员会、人力资源和社会保障部（加国家公务员局，分东西两个办公区）、原煤炭部（国务院安全生委员会办公室、国家矿山安全监察局、国家安全生产应急救援中心）所属多家单位，化工系统部分机构、中国海洋石油总公司部分机构、交通部系统部分机构、文化部系统部分机构、中国航天科工集团、中国土产畜产进出口总公司、中国成套设备进出口总公司、中粮置地广场、神华集团以及军队系统的多个单位。中国电影家协会及所属金鸡百花影城、和平里第五俱乐部、中央乐团（今中国交响乐团）、中国煤矿文工团、民族出版社、民族画报社、民族团结杂志社、中国民族文化出版社、中国文化报社、中国绿色时报社、工人日报社、中国黄金报社、中国

和平里二区筒子楼。1982年

和平里三区的筒子楼群。1990 年

和平里三区筒子楼里做家具的人们。1986 年

在和平里三区筒子楼民族出版社蒙古文室主任卓日格图家聚会。1983 年

民族出版社的人们在和平里三区筒子楼里聚会。1983 年

煤炭报社、中国工人出版社、人民交通出版社、中国标准出版社、西苑出版社。中国作家协会、中国国际文化交流中心。朝阳社区学院、北京老干部大学、煤炭科学技术研究院、商务部国际贸易经济合作研究院、石油和化学工业规划院、中国建筑科学研究院、中国计量科学研究院。天津市驻京办事处、江苏大厦、贵州大厦、海南大厦。和平里医院、北京地坛医院、北京市疾病预防控制中心，地坛公园、青年湖公园（原为自然水坑，青年们整修后辟为公园）、柳荫公园、北京地坛体育馆。一七一中、一七七中、二中分校北校区、北京宏志中学、北京142中、五十四中、翔宇中学，和平街一中，还有东城区师范学校、东城区卫生学校、东城体育学校、东城区特殊教育学校、东城区职业教育中心学校。和平里一小至四小、和平里九小，北京地坛小学、青年湖小学、安外三条小学、安外大街小学以及数十家幼儿园。和平里大酒店、林业宾馆、北京喜马拉雅宾馆（1956年成立，西藏驻京办原第一招待所），冶金部、化工部、文化部、地质矿产部等所属招待所。各大银行，东单菜市场（1902年成立的北京最早菜市场，2015年从东单迁来开业），老字号稻香村、吴裕泰、张一元、馄饨侯、东来顺等，邮局、药店、新华书店。中央、北京市属机关单位超过600家，其他如国家管网集团、各类公司、社团、店铺、站点以及服务业机构等成千上万。可谓单位很密集，人口密度大，文化气氛浓，服务设施全。

从和平里稍微放眼望去，甚至踮起脚尖就能看到的还有中国黄金集团有限公司、北京化工大学、对外经济贸易大学、北京中医药大学、中国日报社、中国艺术研究院、中日友好医院、煤炭总医院（今应急总医院）、重庆饭店、皇家大酒店、贵州大厦、中国国际展览中心、歌华集团、中国文物报社、公安部出入境管理局，柏林寺、雍和宫、国子监、孔庙。

这么多机关、事业单位，大型企业，公共文化单位，商业和服务业等，自然居住着同样多的知名人物和优秀人物，如果把曾经在此住过、工作过的知名人物列出来，那必是很大的一个方队了。

交通方面有地铁5号线、2号线、13号线。公交电汽车就多了，仅民族出版社所在的十字路口就有13、63、84、104、117、123、406以及夜18、夜24、夜28路等十条线路。尽管与现在的新型开发区比较，这里算老城区了，但是很少堵车，城市规划和绿化都已经臻于精致了。北京的电车开始是有轨的，轨道埋在地面上，有铃铛，老远就听见了。现在离雍和宫不远的北新桥那一带就是最早的有轨电车线路，就是实际上的“一环”路。1950年开辟了有轨电车四路环行路，由平安里经西四、西单、天安门、东单、东四、北新桥、地安门返回平安里，1958 年起有轨电车陆续停驶。后来先进了，不用轨道了。那时候电车上的椅子是木条做的，很硬，粉色的漆，后来陆续改成人造革的。车身是淡蓝色和白色相间，两个大辫子通电，有时候俩辫子拧到一块了，司机下来分开再走。后来的辫子先进了，遇到不设电线的地方就自动收起辫子，到了有线路段时再自动升起，如今带辫子的电车少了。现在有双层的、两门的、三门的、短途中巴，车站牌也是电子显示的，几分几秒都清楚地标明车子到哪里了，站台也有了车棚防雨，实在是方便。以前售票员的工作很特殊，比如遇上小偷，她们无法直接抓人或者告知，就不停地提醒大家拿好车票，出示车票，让没买票的赶紧买票；或者告诉某人是不是在哪站下车，给老人让座之类的，其实就在提醒人们注意，也顺便干扰小偷下手。她们拿着皮质的票袋，手里一杆红蓝铅笔，给你票时顺便在票面上划一下，一是很容易撕下车票，二是在特定的数字上划一下，可能代表那个日子，也同时是防伪——假如有持过期票者，售票员一看就知不是这班车的，不是今天的。想逃票者立刻被抓住在众目睽睽下补上全程票。因为拿过期票的人不知道今天她用蓝色还是红色那一端划的，也不知道她在哪个数字上划的。如今北京的大部分公交电汽车已经是电池动力车了，又快又安静，里面的电子设备很多，60 岁以上老年人免费坐车，显示了国力增强，福利多享，仅此一项就能看出国家的进步。

地坛公园西门的公共汽车站。1985 年

和平里公共汽车站。1998年

和平里十字路口雪景。1998 年

和平里十字路口，背景楼是和平里七区 1 号楼。2021 年

和平里十字路口（向北）。1982 年

现在公交站牌已经电子化了。2022 年

1924 年首条有轨电车线路开通。

20 世纪 80 年代的公交车票。

和平里 13 路车站等车的人们。1980 年

和平里公交站。2009 年

经典路线 104 和平里 – 北京站：北京站的夜晚。2019 年

经典路线 104 和平里 – 北京站：崇文门十字路口拧巴的电车辫子。1982 年

经典路线 104 和平里 - 北京站：王府井大街的糖葫芦摊。1980 年

经典路线 104 和平里 - 北京站：王府井的电器橱窗。1980 年

经典路线104和平里－北京站：王府井公共汽车站。不久把东风市场站名恢复为东安市场。1982年

经典路线 104 和平里 – 北京站：人们在王府井排队买冬奥吉祥物冰墩墩。2022 年

经典路线104和平里－北京站：《波士顿博物馆美国名画原作展》在中国美术馆展出。1981年

经典路线104和平里－北京站：中国美术馆首届油画人体艺术大展。1988年

经典路线104和平里－北京站：中华全国集邮展览在中国美术馆举办，人们在盖纪念戳。1983年

经典路线104和平里－北京站:《法国罗丹艺术大展》在中国美术馆展出。1993年

经典路线 104 和平里－北京站：中国美术馆东侧下棋的人们。1981 年

经典路线104和平里－北京站：隆福寺服装摊，上有《庐山恋》海报。1980年

经典路线104和平里－北京站：东四人民商场三轮货运组的车夫。1982年

经典路线 104 和平里 – 北京站：中国美术馆东侧的挂历摊。1989 年

经典路线 104 和平里 – 北京站：隆福寺对面是北京第一家牛肉面大王店，人们在店外排长队。1990 年

经典路线104和平里－北京站：从大佛寺站旁的内蒙古宾馆看，远处是隆福大厦和华侨大厦以及中国民用航空局。2009年

经典路线 104 和平里 – 北京站：和平里路口换轮胎的卡车，背景是 104、108 路电车总站。1982 年

林业部。1983 年

林业部。1998 年

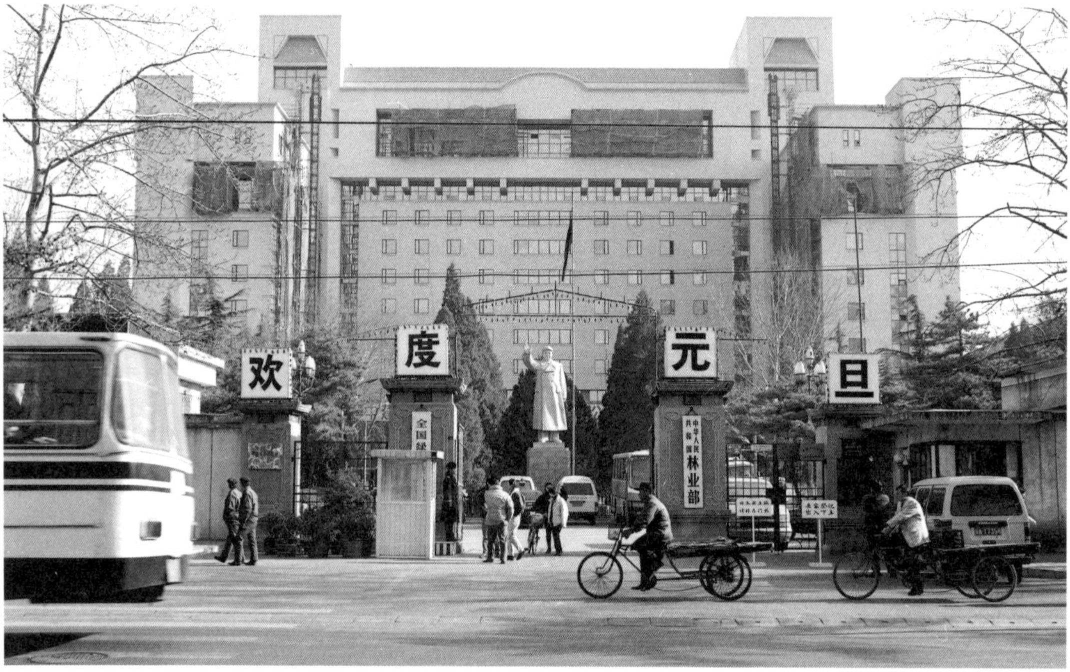

国家林业和草原局（加挂国家公园管理局）。2022 年

5. 民族出版社成为地标

中华人民共和国成立后就有了中央民委（1954 年改为国家民委），成为政务院的重要组成部门，由资深的中共领导人李维汉担任主任。民委内设参事室，有蒙古文、藏文、维吾尔文翻译室（兼顾哈萨克文翻译），负责翻译党和政府的重要文件、马恩列斯著作和毛泽东著作以及其他重要著作、法规等，如《中国人民政治协商会议共同纲领》《中国革命读本》，还有《人民画报》及其民族分册（《民族画报》的前身）的翻译，还有资料室、汉文编辑组、画刊室等，还承担民族问题研究、起草有关民族法规的任务。民委的办公地点就在北京东安门北河沿大街椅子胡同二号院。

为什么有了参事室还要建立出版社？有了出版社为什么还要建立翻译局？为什么合并？又为什么再分开设立并扩大？这都是国家大政方针、时代需求有关。1949 年周总理就有建立民族出版社的想法，到 1952 年才立项。众所周知，新中国百业待兴，人才缺，资金短；还要进行土地改革、制定“一五”规划，外交和内政都有做不完的大事。随着抗美援朝战争的胜利，国民经济得到复苏，时机已经成熟。根据《我们的回忆》（民族出版社，2013 年）记载，建立民族出版社，其实是周总理的意思。那是 1949 年 12 月 16 日，亚洲妇女代表会议在北京闭幕，邓颖超同志在家里设宴答谢为会议做翻译工作的同志，会后周总理把维吾尔语翻译穆提义留下来谈话，把这个想法告诉了他并提议他留在中央民委工作，为此事做准备。1952 年 6 月 28 日李维汉、刘格平（中央民委主任、副主任）打报告给董必武和彭真（政务院政法委员会主任、副主任）同志，1952 年 6 月 29 日董必武、彭真批示同意，7 月 4 日周总理批示：“同意，望与文委商办。”出版总署署长胡愈之批示并上报政务院文教委员会：“……过去曾由该会参事室编印了一些少数民族文字的政治理论书籍，但随着新中国文化的发展，少数民族的出版物需要量迅速增加，原有非专业的编辑机构已不能担负此种任务。经该会与我署数度会商，决定成立‘民族出版社’。俾今后整个少数民族的出版工作有一个专门机构负责。”9 月 1 日，政务院文教委复函同意。从 6 月 28 日报告到 9 月 1 日批准，只两个月多一点时间，足见党和国家对民族文化事业之关怀重视，折射了那个大干快上的建设年代之高效节奏。

随即周恩来总理任命出版总署副署长、民委委员萨空了为民族出版社社长。

萨空了社长请示周总理题写了民族出版社社名、《民族画报》刊名。

办公地点先在椅子胡同，后设在国子监特54号院，如今的孔庙对面。据《我们的回忆》（民族出版社，2013年）记载，椅子胡同这个院落是国民党时期北平市社会局局长温崇信的公馆，比较矮小，都是老房，不适合办公。将原有的三个文种组改为蒙藏维哈四个编译室，同时筹建朝鲜文编译室，这五大文种沿用至今。另设汉文编辑室，把民委图书馆和参事室资料室合并为图书资料室，画刊室在翻译出版《人民画报》及其民族分册的同时筹建《民族画报》，加上总编室、出版部、办公室等部门，民族出版社正式建立。

为了尽快投入工作，萨空了社长说“抓紧干”，等有了点成绩明年再开成立大会也不晚。所以民族出版社成立大会是在1953年1月15日召开的，而实际批准成立时间是1952年，与和平里地区的名称同年诞生。民族出版社成立后，民委参事室就撤销了。原有的法规研究工作转到其他部门，参事室的使命完成了。1953年初，中央民族学院在魏公村落成，将其筹备处原在国子监特54号的房子腾了出来，划拨给民族出版社。这里原是国民党时期的一个训练营，地方较大，不仅安排了所有的编译人员、行政部门，还有幼儿园、礼堂、单身宿舍、食堂、医务室、电话室等。但是这也属于老楼，抗震能力差，楼板颤动落土，年久失修。经请示上级，1955年将主楼和礼堂改建为一栋砖木结构的红色四层楼房。现在这里是交通部水运规划设计院。

1954年第一届全国人民代表大会在北京召开，这是新中国成立后第一届人代会，要制定首部《中华人民共和国宪法》，民族出版社牵头担任大会翻译任务，萨空了担任翻译组组长。中央民委集中了全国各地最优秀的双语人才百余人到北京，毕竟那时候人才也不多啊，而且很多新名词都不知如何翻译，亟待解决这些关系到新闻出版乃至法规文件的准确翻译问题。这项工作历时三个多月，圆满完成，也积累了弥足珍贵的经验，为以后的翻译规范和民族文字新闻出版工作奠定了基础。1954年全国人大会议上，乌兰夫被任命为国务院副总理兼国家民族事务委员会主任，李维汉不再兼任。

正是由于这次大会，让萨空了等一代民族知识分子意识到翻译工作的重要性和建立稳定过硬的翻译人才队伍的急迫性。由于民族出版社侧重于出版编辑工作，翻译领导人经典著作、党和国家重要会议文件等工作量巨大，经萨空了社长签发报告给民委，请求中央批准成立全国少数民族语文翻译机构。民委上报国务院秘书长习仲勋同志，在成立翻译局的请示报告上写道：“习秘书长：

关于建立民族语文翻译机构的问题，民族事务委员会已根据你的指示‘开始人数不要太多，质量要好’的原则，提出了一个初步方案。我们反复研究认为这个方案还是比较合适的。根据这个方案，人代会期间与民族出版社合作，就可不再向下抽调干部，能够完成大会所给的任务……”。经周总理批准，1954 年成立中央民族语文翻译局。

1958 年为精简机构，翻译局和民族出版社合并，各文室合署办公。两个机构合并，还要精简，所以编制定为 340 人。即使这样，原有的地方仍很局促，恰逢交通部航运局在和平里有个大楼，希望和民委置换，双方一拍即合，民族出版社就在 1958 年的八九月间搬至和平里北街现址。那时候大家都一心想着工作、贡献，没有产权、集体利益之争；对国家而言，不过是左兜放右兜，一平二调，很好办。民族出版社成立初期，不止是出版书籍，由于那时候的双语人才奇缺，出版社的编译人员还承担着国家部分外事翻译活动、社会重要翻译活动、翻译《红旗》《人民画报》《民族画报》等刊物，是类似民族文化中心的多功能机构。

成立民族出版社，陆续就有各地的民族干部调进来，有了家属，青年人多了，有了孩子，就得成立幼儿园。这个值得一提，尤其是当今育儿是个大问题，当时也是大问题，但是解决得非常好，我和我哥哥都是在这个幼儿园里长大的。1956 年 8 月成立幼儿园，初期设在国子监特 54 号院内，1958 年下半年随民族出版社搬迁到今址和平里北街 14 号。由于孩子们各个民族都有，年龄不一，习俗不同，有的是北京市的，有些从各地来，阿姨们悉心照料，保障了翻译、编辑们的正常工作甚至经常加班的繁重工作。在幼儿园工作过的张同华回忆：“1958 年，党中央提出‘百花齐放、百家争鸣’的方针，出版社就争分夺秒地出好书，经常加班，没时间照顾孩子，社领导就提出把全日制改为寄宿制，孩子们 24 小时都在幼儿园里。幼儿园还增设婴儿室为哺乳期的职工们提供方便。人手不够用，就从各处抽调人员，大家就想为多出书做贡献。1963 年，孩子们陆续上学了，但师资缺乏，都是二部制，1—5 年级都是半天上课，这样孩子们有半天在家，影响大人上班。1965 年出版社就成立了‘少年之家’，我又去这里继续照顾孩子们，搞文体活动，读书看电视，那时社里只有一台电视机。”

一个出版社单独办幼儿园、婴儿室、少年之家，以单位之力解除职工之忧，何等的体贴温馨。还开设了服务站，组织出版社家属为本社职工洗衣服，做衣服，缝缝补补，职工们可以全力投入工作。“文化大革命”前幼儿园、服务站停办，

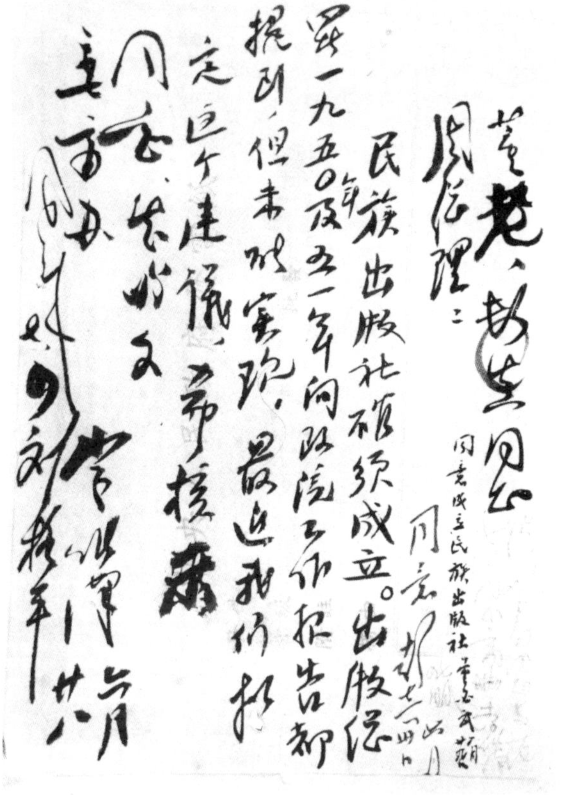

1952 年周恩来、董必武、彭真批准民族出版社成立。

1953 年 1 月 15 日萨空了社长在民族出版社成立大会上讲话。

《学习辞典》这本书上的参事室、蒙文编译室的图章恰好表明了两个单位的关联性。

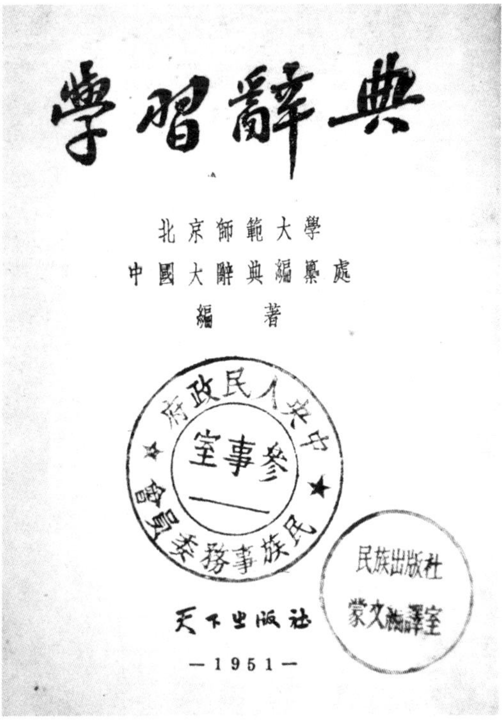

20世纪50年代国家民委参事室－民族出版社部分编译人员。

1954年第一届全国人民代表大会蒙古语翻译组全体人员合影，四排右1是笔者父亲博彦达赉，二排右4李鸿范，一排左3是著名作家巴·布林贝赫，三排右2是著名诗人纳·赛音朝克图。这是当时全国最优秀的双语人才。

1954年民族出版社出版部职工王秀文（博彦达赉夫人、中间穿蒙古袍戴头巾者）为第一届全国人民代表大会做选举宣传工作。

20世纪70年代民族出版社的编辑们。

1957年博彦达赉参加第一届全国人大四次会议翻译组的证件。

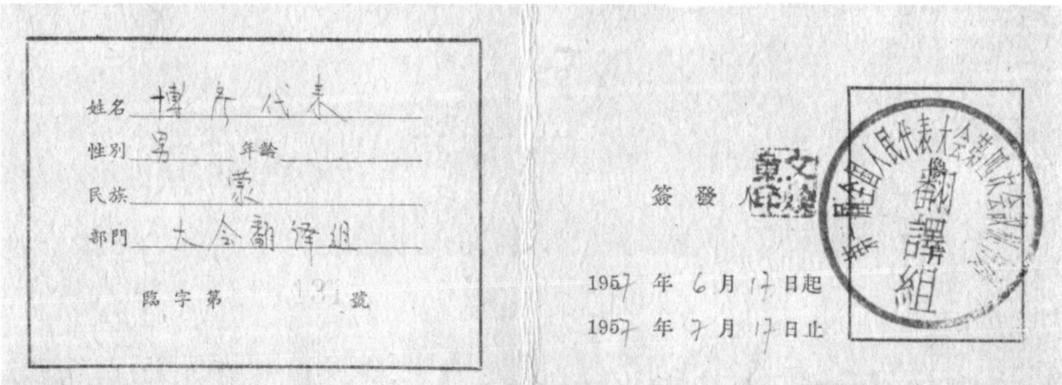

姓名 博彦代来

性別 男 年齡

民族 蒙

部門 大会翻译组

臨字第 131 號

簽發人

1957 年 6 月 17 日起

1957 年 7 月 17 日止

翻譯組

民族出版社建社十周年

本报記者摄影报道

今年一月十五日，是民族出版社成立十周年的日子。

十年来，随着我国各民族文化教育事业的发展，民族出版工作也有了很大的发展。解放以前，我国各少数民族，不但政治上受压迫，經济上受剝削，文化上也受到严重的摧殘。許多少数民族沒有自己的文字，有的民族有通用文字，也未能建立起本民族的进步的出版事业。解放后，在党的“发展少数民族的文化教育事业”的方針指导下，各少数民族語文的使用有了充分的自由，国家还帮助許多沒有文字或文字不完备的民族創制和改革了文字，在許多民族地区先后建立了本民族的出版机构，大力发展了各民族的文化教育事业。

1953年1月15日，在北京建立了民族出版社。它是中央民族事务委員会領导下的一个专业出版社，它的方針任务是：翻譯出版馬克思列宁主义經典著作、毛主席著作、党和国家的重要文件、党和国家領导人的著作、《紅旗》、《人民画报》和其它基本政治理論讀物，編輯出版《民族团結》、《民族画报》和有关民族問題讀物等，为巩固祖国統一，加强民族团結服务，为各族人民日益增长的文化要求服务，为促进民族的发展和繁荣服务。十年来，在这个方針指导下，在党的領导和各族人民的帮助下，以汉、蒙古、藏、維吾尔、朝鮮、哈薩克、僮等七种民族文字，共出版以上各种图书二千九百多种，二百四十七万多册；期刊一千九百多期，一千四百六十多万册。

民族出版社以翻譯出版毛主席著作作为自己的最重要的任务，十年来共翻譯出版了《毛澤东选集》蒙古文版一至四卷，藏文版一、二卷，維吾尔文版一、二、四卷，朝鮮文版一至四卷，哈薩克文版一、四卷，共发行三十二万一千多册。另外还以上述五种民族文字出版单行本一百七十三种，三百一十一万多册，供应了各族人民学习毛主席著作的需要。

少数民族文字版的毛主席著作和其它图书的翻譯出版，对于扩大党在各少数民族中的影响，宣傳馬克思列宁主义和毛澤东思想，提高各族人民的爱国主义、社会主义和共产主义觉悟，巩固祖国統一，加强民族团結，推动少数民族地区社会主义革命和社会主义建設，繁荣各民族地区的文化事业，都起了积极的作用。培养少数民族文字翻譯出版干部队伍也是民族出版工作发展的一个重要标志。十年来，民族出版社在完成上述任务的同时，还培养了一批少数民族的翻譯干部。出版社現有少数民族的翻譯干部八十七人，其中絕大部分是新培养起来的。經过各项政治运动和政治学习，他們的政治思想水平有了很大提高；在业务上經过組織自学，特别是在有經驗的同志的帮助指导下，边作边学，刻苦钻研，逐渐成为独立的翻譯工作者。許多有經驗的翻譯干部，在党的領导下，发揮了积极作用，作了不少工作，在政治思想上也有了很大提高。

各族人民对民族出版社的工作給予很大的鼓舞和支持，他們說，民族語文讀物的出版是党和国家給他們办的大好事。

民族出版社翻譯出版的《毛澤东选集》和政策文件书籍

《毛澤东选集》民族文字版的出版，为各民族人民理論学习提供了有利条件。

民族文字书籍在印刷中

《毛澤东选集》第四卷朝鮮文版在延边发行

維吾尔、哈薩克族讀者在交談关于民族文字出版物的意見

《紅旗》到了內蒙古草原

民族出版社翻譯出版的《紅旗》、《人民画报》和出版的《民族团結》、《民族画报》刊物。

1963年第1期《民族画报》报道民族出版社建社十周年成就。

民族出版社内设图书馆。1983 年

民族出版社翻译出版的蒙古文版经典著作。

工作在和平里的三社蒙古族青年们。2015 年

迁入新落成的民族新闻出版大楼。1996 年

民族出版社、民族画报社、民族团结杂志社办公大楼。2009 年

民族出版社、民族画报社、民族团结杂志社大楼。2019 年

北京市民族文化交流中心成立，位于雍和宫桥北、地坛公园南门。1997 年

《民族画报》创刊号，中央民族歌舞团合唱队演唱《东方红》。1957 年

两位摄影大师庄学本（左）、孙明经在西康省（1955 年撤销）采访。1939 年

中图：《民族画报》找各民族的女孩拍摄征订海报，中间的是李玉明。1957 年

《民族画报》设在和平里十字路口的橱窗。1982 年

以后再也没有恢复。职工有维吾尔族、哈萨克族、回族等，就得开清真食堂。还有专门的“清真副食本”，就是每月有一点牛羊肉指标，虽然不多，在那物资尚不富裕的时代，已经很好了。和平里就此与当代各民族有了多方面的紧密联系。民族出版社不仅是重要的业务单位，还是民族大团结的园地，是党的民族政策的具体体现。

2003 年中央召开全国文化体制改革试点工作会议，确定了 35 个文化体制改革试点单位，在全国数百家出版社里只保留人民出版社、民族出版社、中国藏学出版社、盲文出版社 4 家为公益性出版事业单位。

6. 地标的扩展

以民族出版社为原点，和平里的三大民族文化平台在1952—1957年间形成。民族出版社（1953）、民族画报社（1955）、民族团结杂志社（1957）。这是“老三家”，还要加一个：1988 年由民族画报社牵头主办了中国民族摄影艺术出版社，是国家民族事务委员会主管的国字头摄影专业出版社。该社 2019 年更名为中国民族文化出版社。所以在这个大楼里有着四家独立的文化单位。还有个特殊情况是，民族出版社内设音像出版社，2001 年经新闻出版署批准，对外可以“民族音像出版社”名称开展业务，经批准可以单独安排音像制品版号。由此，这栋大楼内有文字期刊、图片期刊、文字出版、图片出版、音像出版等多项业务，是一个很具规模的民族文化中心。

当时的《民族画报》还隶属于民族出版社，是其一个编辑部，但是它的新闻属性与出版业务差异很大，为工作方便，对外称民族画报社，与《人民画报》《解放军画报》并称为中国三大画报。这是一个非常特别的文化平台，也是独特而高级的媒体。虽然创刊是 1955 年，但是作为《人民画报》的民族副册，1950 年随《人民画报》创刊就存在了。副册的意思是开本小于正刊，黑白印刷、装订在正刊里赠阅。由于正刊的正文也被翻译成民族文字，所以实际上民委参事室一直在做这项工作。民族出版社筹备、成立的 1952—1953 年，《民族画报》也在筹备中。所以《民族画报》的历史几乎与民族出版社同步。根据业务性质和发展需要，1985 年两个刊物从民族出版社的两个编辑部独立出来升格为司局级社，与民族出版社平级。

1996 年，在原址新盖的办公楼落成，绿瓦白墙，与民族文化宫的建筑风格相同。

1957年《民族团结》创刊号。

民族团结杂志社庆祝“七一”
和香港回归。1997年

和平里地区除了国家民委的这四个文化单位之外，北京市民族宗教事务委员会的工作重点之一也在这里。位于地坛公园南门、雍和宫桥北，临近北护城河的北京市民族文化交流中心1995年成立，现名是北京市民族团结进步促进中心、北京市铸牢中华民族共同体意识研究中心，由数家单位合并而成。建筑面积1.1万多平方米，集多功能于一身，为来京的各民族群众服务正是北京市民委的一项重要工作。和平里街道获得过北京市“首都文明社区”等多项荣誉。2021年被国家民委评为第九批全国民族团结进步示范区示范单位。

根据第七次全国人口普查数据，北京市少数民族户籍人口为104.8万人，占全市总人口4.8%。排名前5位的是满族47万、回族27.4万、蒙古族12.3万、朝鲜族3.3万、土家族3万。北京市属123个民族村中有满族村74个、回族村45个、回满族村1个、苗回满族村1个、壮满瑶族村1个、回满朝鲜族村1个。

7.《民族画报》

1955年2月创刊，周恩来总理题写刊名，月刊，大16开，彩色印刷（早期是黑白彩色混搭），萨空了是首任主编，以汉文、蒙古文、藏文、维吾尔文、哈萨克文、朝鲜文六种文字（曾经还有壮文版）出版发行的图文并茂的大型国家级主流媒体。《中华人民共和国宪法》《中华人民共和国民族区域自治法》都明文规定各民族使用本民族文字语言的权利和义务。《民族画报》是时政类媒体。“民族”注定了它的内容，“画报”说明了形式。站位高、视野广，兼有新闻、摄影、文字、文学、学术、美术、通俗读物的特点，老少咸宜，是根据当时广大民族地区群众识字率不高的情况创办的，是最早进入“读图时代”的媒体。根据国家新闻出版署的资料，中国有近万种报刊，画报不同于其他媒体，有自身的特点和办刊规律。画报稿件和作者的门槛较高，兼有多种特性，读者广泛且要求高，在媒体行业处于高端业态，被誉为“纸媒贵族”（见《纸媒贵族》，中国民族摄影艺术出版社，2015年）。《民族画报》的6个刊号是极度稀缺资源，是巨大的无形资产。民族地区的人文地理、风土人情、生存状态、生活生产、文化教育、医疗卫生等，是取之不尽的报道资源。创刊以来为贯彻党和国家的大政方针和民族政策、传达各民族心声、为各民族的文化交流、记录各民族的政治、经济、人文景象、促进各民族的了解和团结做出了突出而独特的贡献。萨空了社长反复强调，记者不要把钱都给了交通部（少花路费），要沉下去。直到20世纪90年代，《民族画报》在和平里路口还曾经有自设的橱窗，年轻的记者编辑们把画报拆开贴好，再安到橱窗里给路人看。旁边就是13 路公共汽车站，橱窗是无声的载体。《民族画报》不仅是宣传民族政策和民族文化的平台，也是培养民族干部的摇篮，多年来许多优秀的编辑、记者、美术、摄影等名家涌现，充实了新闻、出版队伍，可谓共同成长。被誉为摄影大师的庄学本先生就曾任《民族画报》编辑部副主任。

20 世纪 80 年代是思想解放、各项工作突飞猛进的时代，如同新中国成立初期的 50 年代。中国三大画报积累的足够多、足够好的图片，需要合适的渠道加以利用。所以《人民画报》成立了中国画报出版社，《解放军画报》成立了长城出版社。《民族画报》1988 年筹建成立了中国民族摄影艺术出版社，是国家民委主管的国字头摄影专业出版社。利用自身的图片积累和摄影领域的资源，多年来出版了大量优秀的摄影书籍、民族文化典籍，在中国摄影界带有“中国”字头的摄影出版社仅有两家。2019 年中国民族摄影艺术出版社完成改制，更名为中国民族文化出版社。

8.《民族团结》（2001 年改为《中国民族》）杂志

该刊的创办是继民族出版社、民族画报社之后的又一个体现民族政策和展示民族文化的大型平台，仅仅是刊名就足够鲜明、足够诚意、足够重要了。

与《民族画报》不同，它是国家民委机关刊，时政属性更为鲜明，既有党报党刊的共性，也有民族特色的个性。李维汉、乌兰夫商议决定、汪峰（国家民委副主任）具体筹办落实。汉文版创刊于 1957 年 10 月，萨空了是首任主编，李维汉曾经亲自撰写重点文章，乌兰夫多次提议创办民族文字版。《民族团结》《民族画报》两个刊物 1985 年独立为社，与民族出版社同为司局级的国家民委所属事业单位，构成和平里地区的民族文化地标。

该刊物目前以汉文、蒙古文、维吾尔文、哈萨克文、朝鲜文和英文版出版发行，形成独特的民族媒体方阵。此刊侧重于文字，兼顾图片，传达国家民族政策，展示民族工作动态；《民族画报》以图片为重，以柔和、通俗、艺术的方式体现上述民族内容；2001 年创办的《中国民族报》以新闻报纸的形式与上述两刊形成互补，坐落在京城西北民族文化空间——与中国民族语文翻译局、中国民族博物馆同在一个大院里。两刊一报在媒体性质上同宗同旨，风格各异；在地理上遥相呼应，内在关联，是国家民族工作在北京的文化阵地。

20世纪50年代萨空了（中）、李鸿范（右）接待外国出版同行。

李鸿范在中央民族学院出席第二届北京那达慕。1982年

9. 萨空了

这里特别要提到萨空了（1907—1988）先生。他出生于四川成都，原籍内蒙古昭乌达盟翁牛特旗，蒙古族。他是中国民主同盟的创建者之一，曾任民盟中央副主席。杰出的新闻工作者、新闻出版家、报刊主编、新闻学家，也是杰出的文学家和社会活动家，曾任上海《立报》总编辑，创办香港《立报》并任总编辑，新疆日报社副社长、《新蜀报》总经理、创办香港《光明报》并任总经理。新中国成立后创办《光明日报》，创办人民美术出版社并任社长，创办民族出版社并任社长，创办《人民画报》《民族画报》《连环画报》，曾任出版总署副署长，首任新闻总署副署长兼摄影局局长（今新华社摄影部）。曾任国家民委副主任，民族文化宫管委会主任，全国政协副秘书长、常委，创办《人民政协报》并任总编辑，负责主编《中国大百科全书·新闻出版》卷，著有长篇小说《懦夫》，散文集《香港沦陷日记》《两年的政治犯生活》《由香港到新疆》，美学专著《科学的艺术概论》等，另有新闻学专著《科学的新闻学概论》、译著《窦德大使日记》《宣传心理研究》，另有《萨空了文集》。夫人郑小箴是驻中南海的新华社摄影记者，郑小箴的父亲郑振铎是著名学者，新中国的文化事业建设有着他们独特的巨大贡献。

10. 李鸿范

李鸿范从 1953 年建社到 1983 年在副社长、副总编辑职务上 30 年未动，1983—1985 年任顾问。在讲述和平里尤其是民族出版社时，李鸿范是绕不开的人物。李鸿范（协儒布僧格，1920—2005），1941 年留学日本。1943 年回国在内蒙古东部地区参加抗日斗争和民族解放运动。1946 年以后任内蒙古自治运动联合会执委、内蒙古人民自卫军第二师政治部主任。1946 年参与筹建东蒙军政学校并任副校长。1947 年 6 月任哲里木盟奈曼旗旗长。1948 年在内蒙古党校学习。1949 年 3 月任内蒙古日报社副社长兼蒙古文版总编辑。1952 年调至国家民委参事室，参与创建民族出版社并任副社长兼副总编辑，作为社领导，他还兼任了多年的蒙古文编译室主任。1984 年任全国少数民族古籍整理出版规划小组专职副组长（组长李一氓），全国八省区蒙古语文工作协作小组副组长，中国蒙古语文学会理事长、名誉理事长等。第一、二、三届"国家图书奖"评委会副主任兼评委；第一至五届"中国韬奋出版奖"评委。

李鸿范回忆："我于 1952 年从中央民族事务委员会参事室开始到 1985 年

离休，在民族出版社工作了33个年头。回顾过去，我深深感到上述这些成绩的取得经历了不寻常的历史过程，是来之不易的。建社初期，随着民族工作的开展，与少数民族代表人物、各方面人士的来往和联系日益增多，迫切需要设立翻译机构。于是从各有关民族地区调来一些同志，担负会议和文件的翻译工作。当时人员既少，水平又参差不齐，其中有的民族语文水平较高，却不懂汉文；有的民族语文水平较低，又缺乏编译工作经验，当时又没有可供查阅的辞书，再加上有的民族长期处在封建农奴制社会，语文中缺少表达新概念、新名词的词汇”。

萨空了是民族出版社创办者，但是他的兼职很多，所以李鸿范主持工作。如果说是萨空了先生主持创建了民族出版社等一批民族文化单位，那么李鸿范就是把民族出版社这个事业推向了成功，带出了一批民族文化干部，为党和政府的民族文化事业做出了卓越的贡献。在新中国初期的民族文化事业中，和平里是一个核心内容。讲到和平里，民族出版社就是一个重点，至今在各个版本的北京地图上都是地标。

以李鸿范为代表的一大批翻译家在国家文化事业建设、民族文化传承方面做出了贡献。一种文明的直接体现就是语言、文字，翻译工作正好包括了这些。没上过学的人之间可以用口语对话，但是无法用文字交流；某个群体可能使用同一种文字，但古今文字有区别。可见语言文字是一个民族、一种文明的精华体现，也有着时代特征，转换它们自然就是艰难的事情。马恩列斯著作和毛泽东著作本身就是杰出人物的思想精华的成果，即使用创作者本民族的语言阅读它们也要非常认真研读才能理解，遑论用他种语言阐释？因此，新中国成立初期这样一批翻译家如果不是熟谙多民族的历史、文化、政治，有着过人的才华禀赋，有着一颗颗赤诚奉献的丹心，很难想象把一种经典变为另一种经典的艰苦卓绝的转换过程。我们应该向这样一大批翻译家们致敬。

民族出版社的职工都是各地来的，朋友亲戚来了就管住管吃，还有的给钱给礼物买火车票。蒙古文室更是这样，那些年轻的干部、翻译们都是各地来的，年轻，没钱，喜欢玩，喝酒，快月底了或者老家来客了，就跟老领导李鸿范借，借钱的理由万万千，不还钱的理由千千万。李鸿范慈眉善目，虽然高高大大，威严自带，但却十分慷慨，只要开口肯定给。他工资全社最高，20世纪50年代时就200多元，蒙古文室就是他主持建立的，很多干部、编译人员也是他调来的，所以很长时间里大家都叫他“李·努胡日”（李同志），不叫社长、总编辑、老师、叔叔、大爷、大哥等，一声“同志”便包含了无限敬意、亲切，足见那时社会风气之淳。还有人给李鸿范写信，不知地址、单位，只写“北京，协儒布僧格收”，这是他的蒙古名。信到了北京站邮局，分拣的人一看不是汉语名，必定是与少数民族相关的事儿呀，立刻送到国家民委，他是民委系统的名人，第二天就送到民族出版社了。

11. 北京城的三个民族文化空间

在北京的各少数民族干部职工大概有几十万人，但是他们并非完全分散而居，是大分散、小集中。

经过梳理发现，若以天安门为中心，北京城就形成了三个民族文化空间：第一，围绕民族出版社形成的国子监—雍和宫—和平里的“东北文化空间”；第二，围绕西单石虎胡同中央民族学院附中形成的附中—民族文化宫—广电大楼的“西南文化空间”；第三，围绕中央民族大学形成的白石桥—魏公村—倒座庙的“西北文化空间”。这几个活动空间也是北京少数民族相对聚集并具有丰富历史沿革的民族文化空间。

第一个文化空间，是围绕着民族出版社而形成的国子监—雍和宫—和平里“东北民族文化空间”。

1953 年 1 月，民族出版社刚成立时，社址在东安门北河沿大街椅子胡同二号。这个院子套着三个小院，前院属于民委机关，北边正院是出版社的办公地点。是年 6 月，民族出版社搬到国子监特 54 号办公，在孔庙对面路南，这是民族出版社的第一次迁址。至 1958 年 8 月，由于人员大增，民族出版社搬到东城区和平里北街 14 号，由此，以民族出版社为中心形成的国子监—雍和宫—和平里民族文化空间，也是蒙古族人在京城的世居之地，对于了解蒙古族人与北京的历史文化而言具有重要意义。

国子监，始建于元代，是忽必烈定都北京之后，于至元二十四年（1287 年）设立的最高学府和教育行政管理机构。国子监特 54 号那时候成为民族出版社最初的地理坐标，汇集了众多民族知识分子。而毗邻的雍和宫始建于康熙三十三年（1694 年），至 1722 年雍正即位之后，这里逐渐变为藏传佛教在北京的最大寺院，由于地缘关系，以蒙古族僧人为主体，并陆续有数位蒙古族高僧担任雍和宫住持。和平里地区，因为民族出版社及其后分离出来的民族画报社和民族团结杂志社的建立及发展，连同相应的宿舍区（工作和生活区自然带来关联的人员来往，密切了京城和广大民族地区的联系），聚集了几代多民族编辑家、翻译家、摄影家和记者、学者、媒体人、出版人，在此编译出版、刊登、发表有关民族历史、文化、科学、艺术、宗教等各类书籍、杂志，广泛积累并传播着民族文化。所以，从元代至今，这一地带属于蒙古族、藏族等人们非常活跃的地方。又因为在古老北京的东城区因蒙古人相对集中，自然形成了京城蒙古文化空间。

第二个文化空间，是围绕着西单石虎胡同中央民族学院附属中学所形成的西单—复兴门“西南民族文化空间”。

民族文化宫旁边就是国家民族事务委员会办公大院，既是国家的民族事务最高管理机构，自然也是多民族干部集中地之一。再向西不到一千米，有 1958 年 9 月建成的广电大厦，这里的中央人民广播电台、中国国际广播电台（该台 1997 年西迁）都设有蒙古语等几个民族语节目部。CCTV 也有不少各民族的电视人，比如长期在新闻中心的著名主持人兼评论员白岩松、主持人纳森和宝晓峰、播出专家包布和（《新闻联播》片头曲作者）、首先在香港创建央视记者站的拉白等，还有主持人海霞（回族）等都是优秀的广电人。

位于西单石虎胡同 7 号的中央民族学院附属中学，前身为北京蒙藏学校。1913 年由蒙古王公贡桑诺尔布担任蒙藏事务局总裁时设立的。1918 年更名为蒙藏专门学校。1929 年更名蒙藏委员会北平蒙藏学校。1937 年至 1949 年，易名国立北平蒙藏学校，1950 年改名蒙藏学校。1951 年该校被命名为中央民族学院附属中学。“文化大革命”期间曾易名北京市第一六零中学，1978 年恢复原名。1993 年更名为中央民族大学附属中学。现在附中校址在海淀区法华寺甲 5 号，就是中央民族大学西门附近。所以西单石虎胡同是一个民族文化空间的原点，百余年来，在这里工作和学习的各民族人们延续着他们的文化脉络。

从西单石虎胡同向西不到一千米的民族文化宫、民族饭店都列为 1959 年新中国成立十周年首都十大建筑。里面还有中国民族图书馆、中国民族画院等机构。民族文化宫还有个剧场也经常放电影，有各地晋京的文艺演出，一台剧目如果到北京演出基本就意味着成功和首肯了。

民族文化宫对面的文华胡同里有着国家民委的幼儿园，20 世纪 80 年代我曾经来此拍摄他们欢度六一儿童节，如今这里是国家民委所属“北京民族文华招待所”。据此不到百米就是革命先驱李大钊故居，离蒙藏学校不远。蒙藏学校的蒙古族学生们荣耀先、多松年、乌兰夫、李裕智、奎璧、高布泽博、吉雅泰、孟纯、赵诚、佛鼎、云润、特木尔巴根等就经常听李大钊的指导，接受共产主义启蒙教育。这批青年也被称为早期觉醒的蒙古族青年，他们后来都成为高级领导干部。《乌兰夫回忆录》（中共党史资料出版社，1989 年）单有“在北京蒙藏学校上、下”章节，对李大钊的教导有多处描写。其中记载：“1923 年冬，李大钊、邓中夏、刘伯庄、赵世炎、李渤海等同志先后到蒙藏学校来，通过个别谈心、介绍进步书刊、吸收我们听讲座等方法，向我们传播马克思列宁主义真理，启发我们的觉悟。”

第三个文化空间，是围绕着中央民族学院形成的海淀魏公村“西北民族文化空间”。

1950 年 6 月，中央人民政府决定在北京建立一所新型大学，即中央民族学院，前身是 1941 年成立的延安民族学院，当时校址暂设在国子监，也是筹备阶段。1951 年 6 月 11 日，中央民族学院正式开学。1952 年国家进行院系调整时，把已建设数十年的清华大学社会学系、北京大学东语系的部分专业和北京大学的前身燕京大学的社会学系调整到中央民族学院。校址也从国子监迁到了西郊白石桥附近。之后陆续建立了民语系、历史系、政治系、艺术系、汉语系、预科部等教学科研单位。中央民委参事室的部分功能也并到中央民族学院。民院的民语系设有蒙古语言文学系，汇聚了来自内蒙古、新疆、青海、辽宁等地的蒙古族大学生。众所周知，中央民族学院本是多民族汇聚之地，56 个民族最齐全的单位，有许许多多各民族的教授、学者、艺术家等。还有附属的中央民族大学出版社。1993 年更名为中央民族大学。如今位于丰台区的新校区也已建成使用。

围绕着中央民族学院，在海淀魏公村一带还有几个重要的民族单位相继成立。顺便说一下，在国家各部委里，都有数量不等的大学，而国家民委直属的有 6 所大学，分布在东西南北。1952 年 9 月成立的中央民族歌舞团，是中国唯一的国家级少数民族艺术表演团体。有多位民族艺术家在这里，蒙古族音乐家有拉苏荣、德德玛、腾格尔、娅伦格日勒（指挥家，现任中国音乐学院教授），还有藏族舞蹈家欧米加参、白族舞蹈家杨丽萍等。

中央民族大学向北，有1951年1月建成的中央民族印刷厂，当年民族出版社的书籍、报刊等都在此地完成印刷。再向北一点的倒座庙一号院就是1955年12月成立的中国民族语文翻译局，有许多各民族的翻译家们，以前侧重于翻译党和国家领导人著作、马恩列斯著作，如今侧重于全国党代会、全国人大政协两会等翻译工作。后来又增加了1995年5月正式挂牌成立的中国民族博物馆以及创刊于2000年元月的中国民族报社。还有中国民族音像出版社（不同于民族出版社的副牌“民族音像出版社”），作曲家乌兰托嘎就在这个社，他的曲作《父亲的草原母亲的河》《呼伦贝尔大草原》《往日时光》《草原在哪里》《天边》等脍炙人口。

中央民族大学院里还有一块“飞地”：隶属于中国社会科学院的民族学与人类学研究所，这里培养出很多学者，门口挂满了各种学会的牌子。与中央民族大学西侧一路之隔的原总政歌舞团里也有不少民族艺术家，如维吾尔族歌唱家克里木，朝鲜族作曲家、原团长张千一（代表作《青藏高原》《传说》等）。

综上，海淀魏公村一带是多民族汇聚的场所。距此不远的新疆驻京办事处就是一个有着浓郁民族文化特征的重要去处。北京魏公村（畏吾村）就是元代畏吾尔人聚集区而得名。西单石虎胡同的蒙藏学校旧址于2006年已被列为全国重点文物保护单位，2013年开始清理出服装市场进行维修。改革开放后，以民族风味餐厅为中心的文化新地标也陆续形成，以蒙餐为例，大型的有位于北京朝阳公园的蒙古大营、位于六里桥西南的巴音浩日娲酒楼等，以及原有的牛街回民聚居区等，首都的“民族文化园”属性越发丰富。

在北京的三个主要民族文化空间活动，也是蒙古族人士在北京聚集活动的主要文化空间。加上改革开放后涌现的多家蒙古餐厅，形成多民族聚集的欢乐场所，构成另一个蒙古人聚集活动的文化空间。魏公村多时有至少5个蒙古餐厅，每到饭点时就会看到来自各地的熟悉的身影，彼此打了招呼再问：“哪个包间？谁的桌？好的，我一会儿去敬酒”。后来在京蒙古族人士戏称：如果在这几个餐厅连吃三天基本上就能把京城的蒙古族人都见了。

这三个民族文化空间的人们也经常聚会，工作生活也有一定程度的交叉，干部职工们也是老乡加亲戚、师生和战友等多重关系，形成新的亲情网和文化亮点。以蒙古族为例，1981年由中央民族学院部分蒙古族教职工和干部发起的“北京那达慕”（当时名为“在京蒙古族那达慕大会”）就是京城蒙古族人们乃至各地蒙古族人们来京聚会的最佳形式，上至国家领导人出席表示重视，下到普通民众拉家带口欢天喜地，到后来不仅是一个民族的聚会，甚至成了各民族团结的盛会，集趣味性、文化性、融合性于一体，富有特色，由此连续举办了 40 届。是京城蒙古族多重文化的名片，也是北京的民族文化发展史，体现了北京的巨大包容性和国际大都市的高站位。

北京牛街（两幅）。1997 年

CCTV 评论员白岩松（蒙古族）。2016 年

CCTV 新闻主播纳森（蒙古族）。2019 年

CCTV 主持人海霞（回族）。2000 年

央视网少数民族语新媒体传播平台上线仪式。2014 年

中央人民广播电台民族语中心的记者编辑们举办广播春晚。2016 年

国家民委幼儿园欢庆六一儿童节（三幅）。1982 年

启功先生出席民族文化宫蒙古文书法展。1991 年

书法家李铎在民族文化宫为民族地区赈灾笔会留墨。2001 年

中国民族图书馆有很多珍贵版本。2016 年

民族文化宫经常举办各种文化艺术展览。2011 年

中央民族大学附中的新学期开学典礼。1999年

国立蒙藏学校－中央民族学院附中－西单民族大世界－腾退保护（两幅）。2013 年

维修中的北京蒙藏学校旧址（中央民族大学附中）。2022 年

北京蒙藏学校旧址修葺中。2023 年

蒙藏学校旧址 2023 年 3 月 28 日重新开放，院内有多个展厅和中华民族共同体体验馆（四幅）。

主义革命的伟大胜利
党领导各民族夺取新
内蒙古自治运动
各族人民翻身得解放

蒙藏学校旧址
蒙藏学校旧址历史沿革

首届北京那达慕在中央民族学院举行。1981 年

北京那达慕在中央民族学院体育场举行。背景楼是中央民族歌舞团。1984 年

北京那达慕的搏克比赛。1986 年

各方队步入北京那达慕会场。2018 年

中央民族学院在首都北京西郊，面积佔33万平方公尺，目前学生共有2 400余人。这是該院校景。

中央民族學院

中央民族学院副院長　苏克勤 著文

馬鷹輝　林国志 攝影

創办民族学院是党和政府解决民族問題的一項重要措施。設在北京的中央民族学院是在1951年6月11日正式成立的。政府当时規定它的任务是：为国内各少数民族培养实行区域自治以及發展政治、經济、文化建設的高級和中級幹部，研究中国少数民族問題以及各少数民族的語言文字、历史文化、社会經济，發揚並介紹中国各民族的优良历史文化，組織和領导关於少数民族方面的編輯和翻譯工作。

中央民族学院在五年多的时間里逐步地發展起来。先后設立了政治系、語文系、历史学系和预科。政治系是培养少数民族政治理論幹部和师資的；語文系是培养少数民族語文研究人員、翻譯人員和教学人員的，已开办了蒙古、藏、維吾尔、哈薩克、苗、瑤、彝、納西、傈僳、拉祜、卡瓦、景頗、载瓦、僮、佈依、侗、傣等十七种民族語文專業；历史学系有少数民族历史和民族学兩种專業，是培养少数民族历史和民族学的研究人員和教学人員的；预科是为少数民族培养大学预备生和为少数民族幹部补習文化的。

中央民族学院还設有研究部，进行研究和編写中国少数民族历史，搜集整理少数民族文物，調查研究少数民族社会历史情况，編輯、翻譯其他国家有关民族問題的著作。

五年多来，中央民族学院已畢業学生1,200多人。1951年，全校学生只有280多人，現在已發展到2,400多人，包括50多种民族成分。全院共有教学和研究人員340多人，其中有少数民族同志120多人，包括28种民族成分。

政府对少数民族学生的生活待遇是优厚的。中央民族学院少数民族学生每人都能領到人民助学金，学校还發給少数民族学生民族服裝。在学生伙食方面，設立了清眞灶、藏族灶、各兄弟民族灶、汉族灶，各灶都按照各民族的風俗習慣供給学生膳食，並尽量供給学生所喜欢吃的民族飯。

学生的宗教信仰自由是受到尊重和保护的。为了他們过宗教生活方便，学校还在校內为信仰伊斯蘭教的学生設备了禮拜堂，为信仰喇嘛

周恩来总理到中央民族学院視察时和学生們亲切交談，他十分关心学生們学習和生活的情况。　馬 静 攝影

南斯拉夫新聞工作者訪华代表团参观为信仰喇嘛教的学生而設的經堂。

維吾尔族学生用汉話講故事录下音来，讓自己也听听發音是不是正确。

僮族学生在学習僮語标准音。

比利时文化代表团团員在中央民族学院的少数民族文物陈列室里参观少数民族服装。　鄭小箴 攝影

中央民族学院根據"百家爭鳴"的方針，举行科学討論会，討論有关民族学、少数民族历史和民族語言等問題。　馬 静 攝影

語文系藏語班的汉族学生向藏族老師請教藏語法。

学生褚維繁（傈僳族）和学生蒙秀木（瑤族）和伙做化学試驗。

研究部周汝誠先生（納西族）正在研究納西族历史和文字。

卡瓦族学生在閱覽室里。

云南省西双版納傣族自治州副州長刀志国也在这里学習。

中央民族学院少数民族語言調查队在貴州苗族地区搜集整理基础方言和民歌民謠。

1951年6月11日中央民族学院成立，这是1957年第1期《民族画报》的报道。

中央民族学院的师生们欢度新年（三幅）。1980 年

中央民族大学。2001 年

全国人大、全国政协两会中的民族语同声传译（藏语）。2001 年

民族印刷厂的排字车间。

藏族舞蹈家、导演欧米加参在向演員們讲述舞蹈内容和要求。

中央民族歌舞团的舞蹈教員，根据傣族舞蹈的特点，編了一套傣族舞基本訓练教材。这是演員們在互相糾正基本訓练中的动作。

各民族歌唱演員經常在一起交流演唱經驗。这是歌唱演員阿依木尼莎（右第三人，維吾尔族）、胡松华（右第二人）、瑪依努尔（右第一人，維吾尔族）等在一起练唱。

訪中央民族歌舞团

蒙古族馬头琴独奏演員阿拉坦仓在练习

同劳动；熟悉群众的生活，体驗群众的思想感情；踏实地学习各民族中丰富的傳統民間歌舞艺术，并在这个基础上，为祖国艺术园地里，培植了一些新的花朵。他們創作的“远方的客人請你留下来”、“草原上的热巴”、“塔族舞曲”、“灯舞”等节目，不仅得到国內观众的热烈欢迎，而且也获得了苏联、緬甸、印度尼西亚等国观众的称贊。“远方的客人請你留下来”、“草原上的热巴”还在第六届世界青年与学生和平友誼联欢节上分別获得金质和銅质奖章。

为了丰富各族人民特别是工农群众的文化生活，傳播交流民族歌舞艺术，艺术家和演員們先后到过云南、貴州、四川、广西、广东、新疆、西藏、陕西、甘肃、宁夏、內蒙古等地区和天津、上海、青島、大連、杭州等城市巡迴演出，并且和这些地方的观众結成了深厚的友誼。

中央民族歌舞团成立已快十年了，十年来它在党的民族政策和文艺方針的指引下，走过了一段艰巨而光荣的道路，做着前人沒有做过的工作。它把千百年被反动統治阶級唾棄和鄙視的明珠美玉般的歌舞艺术挖掘出来，使它們显露出耀眼的晶瑩；它把不少埋沒在民間的艺人和青年演員培养成为优秀演員，为本民族歌舞艺术增添了人材。我們預祝他們在毛澤东文艺思想的指导下，在继承和发揚民族歌舞事业上，获得更好的成績。

“苗族青年舞”的編导金欧（苗族）在糾正演員的舞姿

1962年第5期《民族画报》报道中央民族歌舞团，右上图右一是胡松华。

中央民族歌舞团歌唱家德德玛。1981 年

中央民族歌舞团歌唱家拉苏荣。1997 年

中央民族歌舞团原合唱指挥家娅伦格日勒
现为中国音乐学院教授。2009 年

音乐家、中央民族歌舞团原副团长腾格尔。
1991 年

中国民族音像出版社作曲家乌兰托嘎。2017 年

原总政歌舞团团长、作曲家张千一（朝鲜族）。2008 年

原总政歌舞团歌唱家克里木（维吾尔族）在全国政协会议期间为大家签名。1998 年

四　北京城的民族源

12. 和平里与元代城墙

2018 年“大辽五京——内蒙古出土文物暨辽南京建城 1080 年展”在首都博物馆开幕，是该馆 2018 的重磅之举，汇集 17 家文博机构的 270 件套辽国文物，勾勒出辽国全景图。907 年辽太祖耶律阿保机建国，至 1218 年亡于蒙古，契丹族政权延续了三百余年。辽代共设立五京：上京临潢府（今内蒙古巴林左旗）、中京大定府（今内蒙古宁城县）、东京辽阳府（今辽宁辽阳市）、南京析津府（又称燕京，今北京）、西京大同府（今山西大同市）。堪称民族融合之大气象。

据《北京历史纲要》记载，辽朝占据燕京 184 年以后，东北的女真族崛起，金朝统治了整个中国的北半部。1153 年（金贞元元年、宋绍兴 23 年），金海陵王改燕京为中都。这样，北京终于发展成为一代王朝的正式首都。接着，历元、明、清三代，北京均为京师首府，更进一步形成为统一的多民族国家的政治中心和文化中心。北京的城市规模、建筑艺术、宫殿苑囿、坛庙寺观、园林名胜，以及丰富多彩的历史文化瑰宝和近代工业兴起后的一些市政管理设施等，大都是在辽金元明清五朝建都长达千年的这个时期内先后出现并逐步发展起来的。

“北京中轴线”始建于元代。明代、清代继续修建，最终形成现在南起永定门、北至钟楼的格局。目前正在申报世界文化遗产项目。

可见，北京的特殊地理、历史位置，注定成为多民族融合发展、共同进步的中心元代、清代历史有庞大的研究队伍和浩瀚的研究成果，这里不再赘述。

和平里往西走到西黄寺那边，包括安定门一带，是元代蒙古人聚居的地方。德胜门、安定门，北京这些城门都有故事。元代对北京的规划是非常清晰的，有皇城、内城、外城。元代内城有 9 门。明代在元大都的基础上做了改动，南北略有移动，更加完善，城门也有所变化，这里只说元大都时期的城门名称和功能，引自《老地图老北京》。

内城的正阳门（丽正门、前门）是皇帝的龙车专用，也叫国门。

崇文门（文明门、哈德门、哈达门）是车船往来的枢纽、征税专用的。此门日夜开放。

宣武门（顺治门），囚车通往菜市口刑场。

朝阳门（齐化门）是运粮食的。

阜成门（平则门）是从京西运煤的。

东直门（崇仁门）是运木材的。

西直门（和义门）是从玉泉山运送皇家御用水的。

德胜门（健德门），出兵征战之门，也称军门。

安定门（安贞门）也是征战之后收兵之门。跟“和平里”的含义挺契合的。

这些门，元明清三朝改革、沿用，加上外城城门，用途有所变化。每个城门都有分工。钟楼、鼓楼都是元代建立的，用于给城市报时，“暮鼓晨钟”。地安门外大街有万宁桥，桥下有石柱刻有北京二字，水淹没过二字便是水灾的信号。它是北京城市起源的重要标志。和平里建设时还有安定门火车站，安定门原来也有城门，20 世纪 50 年代拆除。现在地铁 13 号线的“光熙门站”正是元大都东城墙城门“光熙门”及瓮城，此处曾经是和平里火车站。1949 年后陆续拆除了不少建筑乃至废弃传统习俗。

在和平里的北面、东北、东面都有元大都城墙的遗址，其中北面的元大都城墙遗址已经辟为公园，矗立着巨大的元帝忽必烈夫妇塑像，周边成为人们休闲的好去处，同时还是“应急避难场所”。城墙的西面是现在的西二环北段，北京邮电大学、北京电影学院的西侧，被两侧的道路包围着，草茂树高。元大都土城墙的东面即是和平里旁边的东土城路，中国作家协会等单位在此。

13. 庙会是从元代开始的

我保存着 1985 年地坛文化庙会的门票，每张 7 角钱。细究起来，庙会是元代开始有的。

据记载，北京最早的庙会是元代白云观正月十九的“燕九节”。白云观是北方道教中心，丘处机在此主持“天下道教”（相当于全国道教协会）多年。《北京史》和《旧京人物与风情》里记载：大都新城建成后，旧城民众迁入新城，旧燕城开始零落，然道观寺庙却依然香火盛行，成为大都人民岁时游乐观赏的处所。大都的白云观始建于唐代，元初改称太极宫，1227 年改为长春宫，由长春真人丘处机令弟子修建，丘处机逝世后弟子们将其安葬于此，改观名白云。正月十九是丘处机生日，为纪念邱真人，京城人们来此游玩赏景，商贩小吃云集，高跷杂耍比艺，摩肩接踵热闹非凡。道士们放言这天邱真人会化身临凡，或变为绅士，或为淑女，或为乞丐，谁人遇见即可“祛病延年”。于是人们纷纷渴望遇见，增加了神秘气氛。元代庙会的特色是每年均在城外举行、一庙一会，既有宗教神秘气息，亦是平民百姓聚会之所。清代《竹枝词》写道：“京师盛日称燕九，少年尽向城西走，白云观前作大会，射箭击球人马蹂。”

从元代起源到历代延续再到当代复苏，从宗教祭祀仪式到形成当代大众节日盛会，无论是从白云观发端，还是到地坛庙会、护国寺庙会、东岳庙庙会、厂甸庙会、红螺寺庙会等诸多发展，京城庙会与草原那达慕有着异曲同工的妙用，都是文化的载体，民众的心声，观念的折射，时代的印记。

14. 胡同之名起源于元代

胡同是城市交通的血管，是房屋之间的呼吸系统。学者们考证说“胡同”来自于蒙古语，见之于元曲、元杂剧，然后用汉字做“初始化、随意性记录”（也可能是故意的），显然有些是不妥不雅的。新中国成立后经过“净化、雅化”改造，形成现在的名称。

蒙古语“霍得格”——井，居民要用水，就得围绕着井居住，也许“市井人家”也有这个意思吧。但也有人说是蒙古语“浩特”（城市）之意，只是转写记载有异，难以考证罢了。既然元大都是元朝建立的，命名几个胡同、街道或建筑物也是自然的。何况北京之外也有许多地名、山水名是蒙古语的。

元大都是解决城市水利问题最好的范例，“井”的解释有一定道理，至今北京还有几十个带井字的胡同。比如双井。碾儿胡同，原意为“涅仁”，细，细井。蚂螂胡同，原意为“马拉”，牲畜，指专供牲畜用的井。“屎壳郎胡同”，蒙古语原意为“西合日”，甜水井胡同，现为时刻亮胡同。菊儿胡同，原意为“巨日叶”琉璃厂，元代建设大都时专烧琉璃砖瓦的窑。北京西四的砖塔胡同是目前保留最早的元代胡同，那个塔还在，被誉为“胡同祖宗”。羊尾胡同—扬威胡同，狗尾巴胡同—高义伯胡同，猴尾巴胡同—候位胡同，熟肉胡同—输入胡同，生肉胡同—寿刘胡同，灌肠胡同—官场胡同，驴市胡同—礼士胡同，猪毛胡同—朱茅胡同，牛蹄胡同—留题胡同，母猪胡同—梅竹胡同，鸡爪胡同—吉兆胡同，蝎虎胡同—协和胡同，轿子胡同—教子胡同，干井胡同—甘井胡同。有很多这样的例子，在北京的文化历史书籍里大量地记载着。2022 年北京市公布《首都功能核心区传统地名保护名录（街巷胡同类第一批）》，包括最老的元代砖塔胡同（西城区）、史家胡同（东城区）等。

提到北京城，不能绕过元代；提到当今中华版图，不能忽略蒙、元的贡献，这符合马克思主义的唯物主义历史观。顺便说一下，元代建立的国子监里有个很大的“崇文阁”，就是藏书的地方，后来改名为“彝伦堂”。北京“崇文区”

的名称也是元大都时期形成的，以皇宫为中心，左崇文、右宣武，这方面的典故和讲究甚多。如今被誉为中国传统文化载体的建筑典范四合院也是元大都时期诞生的。

15. 白塔寺是目前全国保存最好的大型元代建筑

北京白塔寺是忽必烈皇帝和国师八思巴决定建造的，是北京城现存最早的佛塔，也是全国现存最大的元代喇嘛塔之一。元至元八年（1271 年），忽必烈敕令在辽塔遗址的基础上重新建造一座喇嘛塔。在当时入仕元朝的尼泊尔匠师阿尼哥主持下，经过 8 年的设计和施工，到至元十六年（1279 年）终于建成白塔，并随即迎请佛舍利入藏塔中。同年，忽必烈下令以塔为中心兴建一座“大圣寿万安寺”，作为当时营建元大都城的一项重要工程，寺院在至元二十五年（1288 年）落成。这座建于元朝的白塔是中国现存年代最早、规模最大的喇嘛塔，白塔所在的寺院名为妙应寺，位于北京市西城区阜成门内大街 171 号。1961 年“妙应寺白塔”被国务院公布为第一批全国重点文物保护单位。建造白塔寺的工程师阿尼哥是从尼泊尔请来的，阿尼哥（1244—1306）是尼泊尔著名工艺家，入仕元朝四十余年，开创了对后世影响深远的“西天梵像”艺术流派，一生完成了三座大塔、九座寺院，铸造、绘塑作品不计其数。元至元十六年（1279 年）竣工后，忽必烈皇帝命令以白塔为中心，向四方各射一箭，箭镞落地处即是广场边界，由此界定了寺址，约 16 万平方米，从此成为皇家寺院。如今北京白塔寺内有 2001 年尼泊尔阿尼哥协会捐赠的阿尼哥铜像，2009 年尼泊尔外交部长访华期间专程来此参观，我应邀去摄影。

16. 北京曾是契丹族建立的辽都之一 · 元大都

《北京史》记载：幽州（燕京）从古以来就是中原与北方和东北少数民族经济联系及文化交流的桥梁。辽代契丹政权将幽州（今北京）作为五都之一，改称燕京。幽州背枕燕山，西凭太行，东临渤海，地势十分重要，历来是中原王朝在东北的重镇。金代将南京（北京）设为中都，初期金人首都仍在会宁府（今哈尔滨东南），1153 年，金帝海陵王迁都至中京（大定府），其余上京（会宁府）、东京（辽阳府）、西京（大同府）依旧；汴京（开封府）为南京。1211—1215 年间，蒙古军与金兵大战，最终夺取了中都。1264 年忽必烈仍将金中都称为中都，1267 年开始兴建大都，1272 年大都落成，正式定为元朝的首都，元大都是当时世界上最闻名的城市，是世界瞩目的政治、文化、商业中心之一。忽必烈登基时的位于开平的上都（今内蒙古正蓝旗境内）成为夏都，这里如今以元上都的名称进入世界文化遗产目录。神奇的是，现在从地图上看，大都和中都的位置几乎在南北一条直线上。

元大都是多民族国家的缩影。契丹、女真、渤海等民族与汉族相处，蒙古人是统治民族。唐兀人、畏吾人来往于元廷的很多。大都城西北部的畏吾村（今北京魏公村）就是因畏吾尔人聚集区而得名。因为藏传佛教进入，逐步被蒙古族吸收改良为蒙古佛教，因此藏族僧人来大都者众多。

2019 年在首都博物馆举办的“大辽五京展”图文实物结合非常全面地讲述了契丹族和辽代历史，这个政权历时三百余年，建有 5 个都城，北京是其中一个，当时叫“南京”。契丹是蒙古发展史上的重要一环。

元大都也是一个国际大都市。由于蒙古四大汗国的建立，大批中亚人往来大都，被称为“色目人”，包括康里人、钦察人、斡罗思人、阿速人、突厥蛮和伊朗人。在习惯上又被称为回回人。加上来自欧亚的商人、罗马的教士和各国的使者，云集辐辏，成为当时重要的国际政治和贸易中心。大都不止是管辖一个城市，《元史 · 地理志》记载：大都路总管府领右、左二警巡院（即警察署）和六县、十州。六县为大兴、宛平、良乡、永清、宝坻、昌平；十州为涿州、霸州、通州、蓟州、顺州、东安州、固安州、龙庆州，十州之下还有 16 个州辖县。足见范围之大。

元代还是各种宗教包容并存的时代。佛教、蒙古化的喇嘛教、道教、伊斯兰教、基督教（其东方的聂斯托利派也称为景教）、天主教等都可以自由发展，自然也就带来大量的与宗教相关的人群，这是大都国际化的另一种体现。白塔寺的尼泊尔工匠阿尼哥、意大利商人马可 · 波罗以及斡多里克旅居中国，都折射了大都的包容宽厚。相应地，这些各族各界各国的人们也成为宣传大都乃至东方古国的“代言大使”了。

元朝奠定了北京的城市规划是不争的事实。元大都的国际交往非常繁荣，与元中都（今河北张北县境内）遥相呼应，巡游执政，堪称国政一景。元代史迹在北京有很多。北海公园旁的团城也是元朝的史迹，里面有个“渎山大玉海”，记载是朝廷喝酒用的巨大容器，人们献给忽必烈的，是一级文物，现在都围起来了，整个团城都是全国重点文物保护单位。

北京的元代史迹还有东岳庙，位于北京朝阳门外大街，为道教正一派在华北地区最大的宫观，元延祐六年（1319 年）置地，于元至治三年（1323 年）建成。一说是 1314—1328 年间建成。

钟楼，元代是万宁寺的中心阁，“阁四阿，檐三重，悬钟于上，声远愈闻之”。明代改建，遭焚火毁，清代又建。

地安门鼓楼，元代至元九年（1272 年）建，原名齐政楼。明初被毁，清代重修。

西山十方普觉寺（卧佛寺），元延祐七年（1320 年）建。香山碧云寺也是元代所建。

17. 国子监和孔庙

为培养人才，1233 年，元太宗窝阔台下诏在燕京建立国子学，遣蒙古子弟 18 人学习汉语，汉族子弟 12 人学习蒙古语、弓箭。1270 年，国子学扩建，生员 120 人，蒙古族子弟、汉族子弟各半，传授朱熹理学，从此国子学成为传播理学的中心。后来的学生就有上千了，甚至还有留学生。国子学、国子监功能作用相同，只是先后称呼有变，都是朝廷的最高学府和教育管理机构。

国子监里有关中国科举制的大型历史回顾展览，包括科举的起源和它在国外的影响力，西方的很多选举、选拔制度受了中国科举的启发。国子监曾经作为首都图书馆、孔庙作为首都博物馆，后来两馆新建迁走，原址成为文物和历史遗迹保存下来。这条街上有国子监、成贤街等牌楼，是北京市保存牌楼的唯一街道。

国子监的建立更是一个里程碑式的文化工程。与国子学相对应延续，国子监负责全国的教育、考试，是中国古代的最高学府和教育管理机构。北京国子监是元代大德十年（1306 年）建立的，明、清沿用完善，国子监东侧同时建立了孔庙，1293 年兴建，按照左庙右学的规制设计，二者各有正门，里面却是相通，北京孔庙是全国第二大孔庙，仅次于山东孔庙。孔庙里存有 198 块元、明、清三代进士题名碑，是研究科举制的重要资料。如今是全国重点文物保护单位，也是著名的旅游地。孔庙东西两侧各有一块大石碑，名“下马碑”，碑身两面镌刻着汉、满、蒙、回、托忒、藏文，上书“官员人等至此下马”“武官到此下马，文官到此下轿”。透着庙门森严，神权至上。

18. 雍和宫

雍和宫是清朝皇家寺院，1722年雍正皇帝即位，改为行宫，赐名“雍和宫”。乾隆九年（1744年），雍和宫改为藏传佛教寺院。第一任堪布就是三世章嘉活佛，章嘉、哲布尊丹巴（均为蒙古族）；班禅、达赖（均为藏族）并称藏传佛教四大领袖。而班禅、达赖之名也是蒙古人进入青藏高原后确立的。蒙古土默特部俺答汗（阿拉坦汗）赞叹索南加措（格鲁派第三任住持）的智慧，于1578年赠送了索南加措“达赖喇嘛”（时为三世，一世、二世是上溯追封的）的尊号。班禅是1645年蒙古和硕特部驻藏首领固始汗赠送给扎什伦布寺第十六任住持罗桑曲结（四世，前三世被追认）的称号。两种称号经明朝、清朝册封后沿用转世。二者均为宗喀巴弟子，是互为师徒的传承关系。蒙藏满汉族关系可见一斑。北京雍和宫管理处属于北京市民委管辖。

雍和宫1981年修葺后开放，开放前请《民族画报》的记者们去拍摄，制作了明信片和画册。雍和宫、地坛都是和平里这一带的历史坐标。古今映衬，尽显厚重。

雍和宫现在仍然是蒙古人的一个宗教、文化、语言、习俗等等集大成之地，它发挥的作用远远超过宗教文化的范畴，是促进民族团结、加强民族文化交流、丰富人们精神生活的重要平台。康熙三十三年（1694年）始建，初为雍亲王府。雍正即位后，于雍正三年（1725年），将上院改为行宫，称“雍和宫”。乾隆九年（1744年），雍和宫改作正式的藏传佛教的寺庙，并成为清廷掌管藏传佛教事务的中心。如今依然香火旺盛，以蒙古族喇嘛为主。尤其是嘉木扬·图布丹大师为雍和宫的版画整理出版、恢复宗教活动、弘扬宗教文化、培养宗教人才、开展对外宗教活动等方面做出了巨大的贡献。

紧挨着雍和宫的东侧戏楼胡同1号有柏林寺，始建于元至正七年（1347年），明正统十二年（1447年）重建，清康熙五十二年（1713年）、乾隆二十三年（1758年）重修，为京师八大寺庙之一。如今是全国重点文物保护单位，高大的墙院开着西门，南面全封闭，现在不开放。

19. 地坛

北京地坛公园，早先就叫地坛。与天坛对应，是明、清两代帝王祭祀皇天、大地，祈求五谷丰登的官方祭拜场所。中国是传统的农业国家，靠天吃饭，必须看老天爷的脸色，所以皇帝也得亲自去拜。类似的场所还有先农坛。地坛是北京重要的地标。《北京历史纲要》记载：天坛在先，称“天地坛”，后来另建地坛，也叫方泽坛。同时代的还有日坛、月坛，都是皇帝祭祀的场所。均在1949年后辟为公园，面向大众开放。这四坛当时都算城外。

地坛在“文化大革命”期间荒废了很长一段时间，里面有驻军。改革开放后，这里人们可以随便进出，同时政府进行修葺，那时候全面维修，木匠、石匠天天在那里干活。人们经常在此唱戏、锻炼、散步，很放松。

明朝迁都北京之后，为了笼络蒙古人，巩固政权，也很注意民族关系，因为明朝的商业、经济、教育、文化也很发达，各民族往来很多。明朝设立了“四夷馆”，就是翻译其他民族和邻国语言的机构，类似现在的翻译局、编译局，清朝更名为“四译馆”。“四夷馆”又分为8个馆，学生们在这里学习阅读，其中包括蒙古文、藏文、维吾尔文、傣文、缅甸文、梵文（详见《清代治理边陲的枢纽——理藩院》，新疆人民出版社，1995年）。从政治上看，明朝与北元隔长城相对，明朝设都北京，等于是把北京城置于“边界”了，因为明长城离北京很近，八达岭外还有很多土筑的堡子，地名也是“外炮村、里炮村”之类的，大概是第一道防线，隐约透着硝烟味。加上社会矛盾也很多，外忧、内患不断，朝廷疲于“保卫北京”，明朝与退回草原的北元政权其实是“对立并存”，这方面有很多史学专著。在文化方面，明朝延续了国子监、孔庙的功能并且有很大的发展。

20. 清朝的“民委”理藩院·蒙古王府

南北朝时期处理民族事务的部门是尚书省。隋、唐时期也是尚书省的几个司如主客司、司藩司、鸿胪寺等负责民族事务。宋朝时由礼部的主客司负责。辽朝设立北面官、南面官，北面官负责民族事务。元朝中央政府设立宣政院管理民族事务。明朝时由礼部主客司管理，另设提督四夷馆负责翻译事务。达到国家重要机构的高度，甚至与吏部、户部、刑部并列的就是清朝的理藩院。

1636年清朝设蒙古衙门，负责蒙古各部的编旗、会盟、赏赐、司法等事务。蒙古衙门是理藩院的前身。崇德三年（1638年）更名理藩院，专管民族事务。蒙古地方的盟旗制也是这一时期开始的。清朝统治者认为，理藩院专管外藩事务，责任重大。康熙四十年（1701年）理藩院柔远司划分为柔远前司和柔远后司。雍正十年（1732年）复设满洲笔帖式17人，蒙古笔帖式14人，分隶各司。乾隆时期理藩院组织机构趋于庞大完善，仅从下列机构、人员设置可见一斑：尚书一人、左右侍郎各一。下设旗籍司、王会司、典属司、柔远司、徕远司、理刑司、银库、司务厅、蒙古翻译房、满档房、汉档房、饭银处、督催所、当月处、唐古特学（翻译蒙藏文）、稽查内馆外馆、木兰围场、俄罗斯馆（管外交事务）、托忒学（翻译）、喇嘛印务处、则例馆（翻译、校对、誊写）等。每个机构都有相应的满族、蒙古族、藏族专业人员。

理藩院还具有征收税款职能。清代蒙古各部曾设置许多卡伦（意为哨所）和台站（驿站），也由理藩院管理。理藩院的职能很宽，包括参政议政，参议军事，审理案件，管理喇嘛事务，赈济灾荒，办理满蒙联姻事务，管理会盟、驿站、卡伦，稽查蒙古地区户丁，管理少数民族王公朝觐（年班、围班），管理贡物、封爵、俸禄等，管理各旗疆界，调解各部纠纷，管理对俄国事务等。在一个多民族、幅员辽阔的国家里，理藩院的管理范围非常大。乾隆皇帝说："吏、户、刑三部及理藩院均属紧要"，反映了理藩院机构在清朝国家政治生活中的重要地位。

嘉庆时期直至宣统三年（1911 年）辛亥革命爆发，理藩院人事和建制经历了频繁变革。民国元年（1912 年）清帝退位后改为蒙藏院，由内蒙古郡王贡桑诺尔布任总裁。民国十六年（1927 年）国民政府成立于南京，组成五院制国民政府。在行政院下设蒙藏委员会代替蒙藏院，掌管蒙古、西藏行政及其他各项事务。从此，理藩院退出历史舞台。

离和平里西街不远的蒋宅口有条"外馆斜街"。外馆是清廷理藩院接待蒙古王公和其他民族首领和上层人士的地方。按规定，这些王公每年年底来京朝见皇帝，称"年班"，还有年班的补充"围班"，就是陪皇帝打猎。王公们带来贡品并接受赏赐。蒙古王公和西藏黄教领袖按照"年班制度"，每年轮班进京朝贡，谒见皇上，被分别安排在内馆（东交民巷）、外馆和黄寺居住。随员及商人则用骡、马、骆驼载运皮毛、药材等土特产，搭帐篷在此，与内地商人的丝绸、布匹、金银首饰等进行易货交易。此地与西邻的黄寺在清朝时期是十分繁华的地区。这里就是驻店、安放车马的地方。清廷还有保护措施，派专人稽查，避免欺骗蒙古人的事件发生。

清朝是中国历史上又一次民族大融合时期，理藩院作为专管民族事务的中央机构，为管理边疆地区提供了法律依据和管理经验。在外交方面维护了国家的尊严和中国的主权。可以说，理藩院对清朝维护统治的意义重大。顺便说一句，新中国成立后的民委领导一直都是"高配"，即高于同级别的部委：首任中央民委主任是李维汉。他先后担任全国政协秘书长、政务院秘书长、全国人大常委会副委员长、全国政协副主席、中共中央顾问委员会副主任。第二任是乌兰夫（蒙古族），他是国务院副总理兼民委主任、中共中央华北局第二书记，曾任中共中央统战部部长、第四、五、七届全国人大常委会副委员长，第五届全国政协副主席，国家副主席。第三任民委主任是国务院副总理杨静仁（回族）兼任。再后来是司马义·艾买提（维吾尔族）担任，他先后任全国政协副主席、国务委员、全国人大常委会副委员长。还有王正伟、巴特尔都是全国政协副主席兼国家民委主任。这样的高规格安排，说明了民族工作在国家治理事务中的重要性。

清朝还有上百座蒙古王府分布在北京东、西城区里，它们是那个时代的文化和经济乃至政治标志，也是民族交往的实物见证，每个王府都有一堆故事。有阿拉善王府、科左后旗僧格林沁亲王王府、科左中旗末代达尔罕亲王那木济勒色楞、科左中旗色布腾巴勒珠尔达尔罕亲王府、奈曼旗亲王府等。

孝庄文皇后出身科尔沁蒙古贵族家庭，她是皇太极的皇后、顺治帝的生母、康熙帝的祖母。辅佐三朝皇帝主政，科尔沁蒙古部在与清朝满族共同发展中起到了重要的作用，在某种意义上讲甚至有决定性的作用。联姻就是重要的纽带之一。

科尔沁左翼中旗卓哩克图亲王在京城的府邸就位于当时什锦花园 10 号（今 21 号），又称卓亲王府。当年王府大门朝南开，有上马石，府门外有照壁，北院 90 间房屋，南院 22 间房屋。后来伪“蒙古军政府”军长李守信从卓王手里买下在此居住，每亩花费高达 28 万元。1949 年李守信战败出走，1951 年被引渡回国，1964 年特赦，在内蒙古政协文史馆工作。1949 年初，内蒙古自治区政府主席云泽（乌兰夫）致函北平军事管制委员会主任叶剑英，希望在北平市设立“内蒙古自治政府驻北平办事处”，获批“解决经费，房屋自找”。于是选定了什锦花园 10 号，办事处成立。至 1967 年初，办事处被撤销，所有房产等均归北京市。1978 年内蒙古驻京办事处恢复，改为大佛寺（内蒙古宾馆）、崇文门内招待所、崇外招待所等几处办公和接待来宾。2010 年新地标内蒙古大厦在崇内大街 2 号（东单路口东南）落成。

满族主政的清朝，得到了蒙古科尔沁部的大力支持，比如蒙古骑兵、孝庄、僧格林沁，还有与满、蒙密切相关的承德（清廷第二政治中心），这方面的故事瀚如烟海，研究者也是浩浩荡荡。

理藩院的工作重点包括西域、藏区、蒙古地区，还有少量其他民族事务。而今北京市是中国56个民族成分最全的地方，历史久，故事多，人才众，是值得深入研究的课题。还有黄寺、福佑寺，牛街礼拜寺等，都是各民族聚集处，形成各自相对集中的工作、生活、文化圈。

地标是千百年来形成的心理和地理位置，它有方位感，因为它不可移动，今年在，明年还在那里，总有机会去过或者路过那里。说北二环东路就不太清楚，说雍和宫东面100米马上就有方位感了。地标其实就是无形资产，一个楼、一个地名都是文化，都是历史的鳞片。

历史遗迹是拿不走的，尤其是不可移动文物，它们是固化的文明脉络，无声地向后人们诉说着历史。同理，文化、精神内核、基因是不会断的。就是说民族文化在不同的时期、不同的朝代、不同的地方，有着不同的表达形式，不同的存在形式，甚至不同的解读方式。蒙古人乃至多民族与北京的关系这条历史脉络一直没断，有必要深挖，对了解历史、促进民族之间的沟通和团结非常重要。

北海团城内的“渎山大玉海”，又称“玉瓮”，元世祖忽必烈宴请群臣时以此为贮酒之器。

金中都遗址公园内的“建都之始”展览，金中都存在62年，1215亡于蒙古（两幅）。2023年

位于北京西二环菜户营桥和白纸坊桥之间的金中都遗址公园（两幅）。2023 年

燕台冀京
辽南京

《大辽五京》文物展在首都博物馆展出（两幅）。2018 年

北京元大都城垣遗址公园里的忽必烈夫妇像。2012 年

位于西二环明光桥的元大都城墙遗址西段，万里题字。2022 年

元大都城垣遗址是全国重点文物保护单位，如今是公园。2012 年

鼓楼于元代至元九年（1272 年）始建，原名齐政楼。现在是旅游旺地。2012 年

元代命名的砖塔胡同。2012 年

元代得名并沿用至今的北京西四砖塔胡同。2023 年

白塔寺是全国现存年代最早，规模最大的元代建筑。2009 年

左为元代白塔，右侧黄顶建筑为明代历代帝王庙。2023 年

北京东岳庙（道教），始建于元延祐六年（1319 年）。2023 年

位于地安门大街的万宁桥，也称澄清上闸遗址，桥两端有神兽护佑，始建于元代，是京杭大运河的终端，现为全国重点文物保护单位。2023 年

北京中轴线沙盘，首都博物馆“辉煌中轴”展览。2023年

20 世纪 50 年代的国子监街，民族出版社在此成立，左为出版社美编任肖菊。

国子监街西口。 2022 年

国子监是元明清最高学府，元代科举制发展达到高峰，对世界文官考试制度产生了深远影响。这是国子监的中国科举制展览（两幅）。2022 年

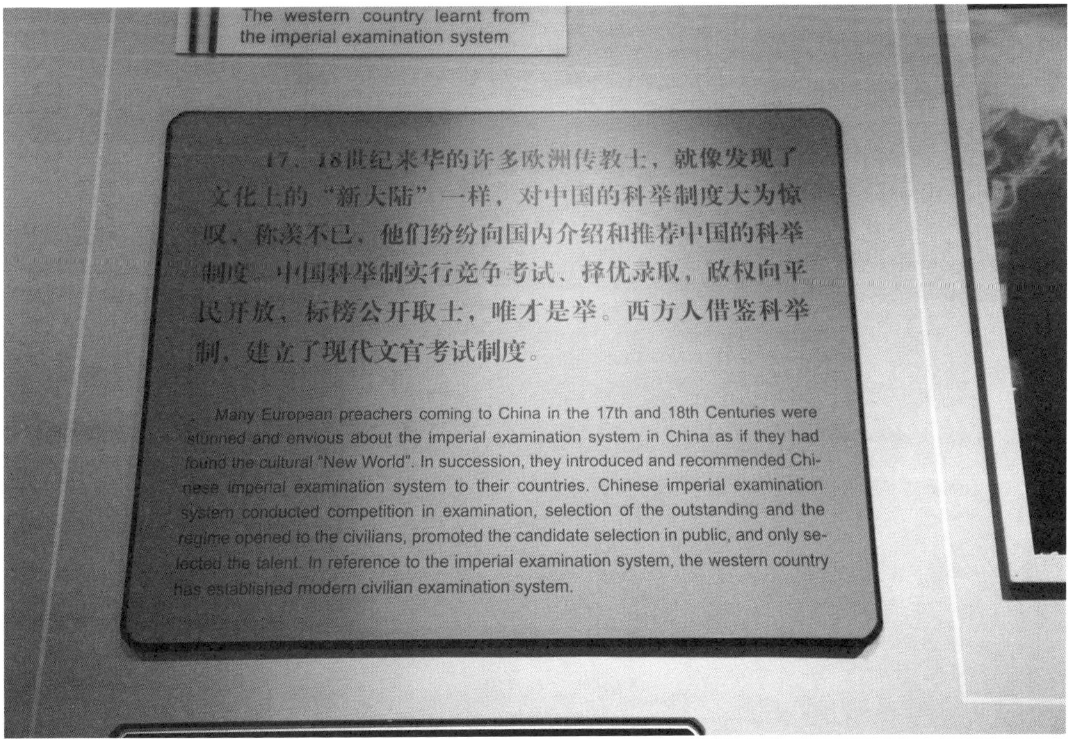

科举的作用与影响
科举制是古代文明高度发展的
产物，是中国历史上各种制度中历
时最久，变化最小而影响最大的一
种制度。科举制提供了公平竞争的
平台，造就了无数栋梁之才，提高
了全社会教育的发展。其影响远播
海外，对东亚和世界文明进程产生
过重要的影响。
Function and Influence of the Imperial Examination
The imperial examination system is the product of highly developed ancient civilization. It is the system with the longest history, the least change and the greatest influence among other systems in Chinese history. The imperial examination system has provided the platform for fair competition, created numerous backbone talents and improved development of education in the whole society. Its influence spread aboard and has significantly impacted the progress of Eastern Asian civilization and world civilization.

国子监街的“官员人等至此下马”的汉、满、蒙古、藏文石碑。2022 年

孔庙内有元明清三代举人进士题名榜，堪称中国科举制博物馆。2022 年

孔庙雪景。2022 年

孔庙和国子监博物馆。 2022 年

雍和宫贴硬币祈求平安的人们。 1983 年

雍和宫西侧。1983 年

雍和宫佛学大师嘉木扬·图布丹。2015 年

位于雍和宫东侧的柏林寺。2022 年

位于宽街的僧格林沁祠。2022 年

地坛体育馆，曾经是北京亚运会摔跤馆。2023 年

在地坛公园里练集体舞。1984 年

宣武区庙会喝茶汤摊。1984 年

宣武庙会的高跷队。1984 年

宣武庙会。1984 年

地坛文化庙会。1985 年

地坛文化庙会的工艺品摊。1985 年

地坛文化庙会的风车摊。1985 年

地坛文化庙会的糖葫芦摊。1985 年

地坛文化庙会时的瑞雪。1985 年

地坛文化庙会门票。1985 年

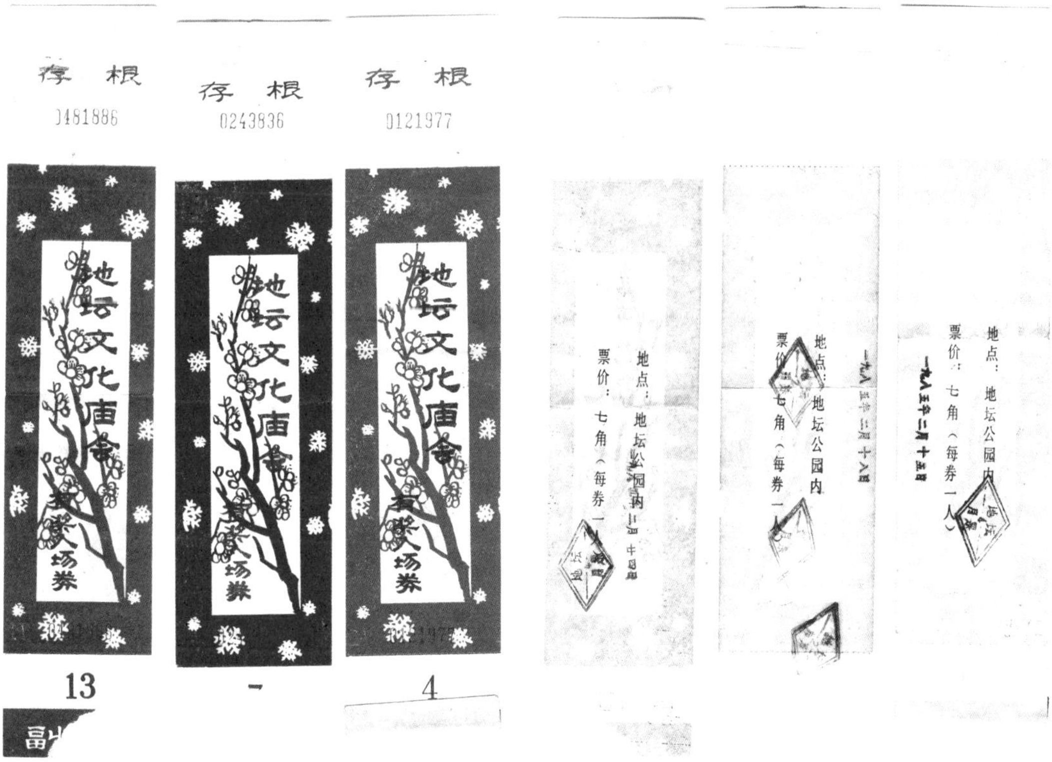

五　一个女生眼中的北京片段

巴义尔的姐姐李玉明（赛音奇牧歌）搬来和平里之前在东裱褙胡同、东四六条 5 号院、下洼子胡同住过。在班大人胡同小学、东四二中心学校、分司厅学校上初中，保送到北京女二中，再转学到中央民族学院附中（西单），再保送到中央民族学院（魏公村）政治系。恰好在上述讲的三个民族文化空间里有学习、生活经历，对京城、民族文化、和平里有着深刻的记忆和体验，写下了几十万字的回忆录。以下是她小学生、中学生、大学生时期的回忆片段。

21. 慰问志愿军叔叔

1953 年夏天，抗美援朝战争已结束。

我们胡同口往东，便是有名的陆军医院（北京军区总医院，现中国人民解放军总医院第七医学中心）。那时候主要是治疗从朝鲜战场归来的志愿军伤员。老师常给我们讲志愿军叔叔的英雄事迹。黄继光、邱少云、罗盛教……他们的英雄形象在我幼小的心灵里深深地扎下了根。每到周六，我们便到陆军医院去演出，慰问志愿军叔叔。在街上，经常能看到架着双拐或头上缠着绷带的披着黄大衣的伤员。一见到他们，我便产生一种无限敬仰的感情。由于经常去演出，我认识了好几位叔叔：董伯伯、徐叔叔、张叔叔等。他们常约我去玩。如果周六有杂技团或文工团去医院演出，他们必定到家里来叫我。医院门口有门岗，别的小孩子不能进去，我却可以来去自如。和叔叔们在一起，我感到从未有过的幸福，有时还幻想：等我长大了，如果发生朝鲜战争或抗日战争，我一定要求上前线，还要用胸膛堵敌人的枪眼，让爸爸妈妈也“光荣光荣”。

由崇拜到决心向他们学习是在不知不觉中形成的。有一天，我要到胡同西口买东西，刚出大门，就看见有一个解放军叔叔一手拿着一个包袱，一手抱着个小孩，吃力地向前走着。我一看，毫不犹豫，跑到他前面，向他行了个少先队队礼，说：“叔叔，我帮你拿包袱吧！”说着一把扛在肩上，咚咚咚快步向前走去。叔叔一个劲说：“谢谢你，小朋友！慢点走。”我一直把他送上电车才回来。

正巧第二天上作文课，自由选题，我便无意中将这件事写到作文中，结果得到了老师的好评。结合班里“为志愿军做好事”活动，我的名字第一次登上了后墙上的光荣榜。爸妈在检查作业时，也发现了老师的评语。他们告诉我：“一个人从小要帮助别人，要同情有困难的人，这样才能成为对社会有用的人。”

这件事对我的印象是那样深，以至于成为时时激励我的精神力量，在我成长的道路上，这是个关键的事件。我开始了解什么是美好的行为，帮助别人做好事的人，就会得到人们的赞扬和尊敬。

22. 斯大林逝世

1953 年 3 月 5 日，我一早到了学校，发现学校气氛异常。老师们脸上表情严肃，同学们也静悄悄地走路或坐在位子上，我很奇怪。上第一节课时，焦老师沉痛地告诉我们：伟大的导师斯大林同志不幸逝世了。全班鸦雀无声，有一个感情丰富的女同学甚至哭出了声。

啊，斯大林，多么亲切的名字！他在我国人民的心目中早已深深扎下了根。记得爸爸给我们买了一本彩色小人书，书名是《苏联的今天，我们的明天》。苏联正在实现机械化和电气化，田里有联合收割机，工厂里有现代化大机器，家里有电冰箱和电扇，一家人围着桌子吃面包，多么幸福！北京正在兴起“苏联热”，有苏联花布，苏联手表，还有儿歌“苏联老大哥，挣钱挣得多，买个小汽车，开到莫斯科……”苏联简直成了美好的象征。我们国家还和苏联签定了《中苏友好同盟条约》。没想到，这时候斯大林却逝世了。

老师讲述着“老大哥”的好处，深深地打动了我们每一个人的心。学校课间操没有上成，大院里降了半旗，老师们带上了黑纱。校长宣布下午不上课。三点半时全北京市开追悼会，凡是听到广播的人，不管在做什么，都得起立默哀。下午，整个家属院内消失了平时的欢乐气氛。我们按照老师的要求，在院子里参加了追悼会。整整几天，北京沉浸在极度的悲痛之中。

23. 胡同里的书铺和肉铺

我们住的东四六条胡同不算大，从大门口往西，有杂货铺、肉铺、小饭馆、菜摊。从大门口往东 100 米，出了胡同东口有一个理发店，是个私人开的小饭馆。小饭馆是一位母亲带着两个十七八岁的女儿开的，专做面食。她们还雇了两个男帮手，都是做烧饼、油条的老手。他们用右手拿擀面杖，左手揉面。一边揉，一边用右手有节奏地敲打着面板，发出干干脆脆的声音，犹如鼓点，真好听。胡同口有卖水果的，能一口气唱出十几种水果的名字，菜车的营业员多是老年人，也能唱出一连串蔬菜的名字。还有卖鱼的、卖对虾的、卖冰激凌的，卖梳子篦子的，都能唱出他们的商品的名称，用途和吃法、用法，简直可以说是一曲曲悦耳动听、曲调各异的生活交响乐。从胡同口往南，有一个小人书铺，那可真是吸引人的地方。一间不大的屋子，墙上贴满小人书的封面画，上面写着编号。屋里面很暗，又由于冬天生炉子，把那些五颜六色的封面画都熏得黑黄或灰不溜秋的，进屋后好半天才能适应。我常常带着弟弟到那里去。逢上妈妈给上二分钱，我也舍不得买零食吃，约上一个小伙伴，如果她也有一二分钱，那我们就可以相互交换看 4 本书（每本书租费一分，借回家去一夜则需二分钱）。书店的主人怕丢失了书，不管天气多么热，总是不准我们拿到屋外去看。到书铺借到了书，便坐在屋内那狭长而粗糙的条凳上看起来。这屋子非常肮脏，在黑黑的条凳缝隙里有许多臭虫，夏天我们穿着裙子，看完一本书，两条大腿会被咬得鼓起一个个小红包，痒得钻心，但还是阻挡不住我们对书的迷恋和追求。只要有了一点钱，首先就会想到那个小人书铺。

下午放学回家后，有时妈妈也叫我去买菜买肉等。因为爸爸不吃肉，经济上也不富裕，我们买肉的次数少得可怜。胡同里有两间肉铺，一间卖牛羊肉，一间卖猪肉。有一天妈妈叫我买肉，我拿着一元钱进了一间肉铺，说我要买肉。营业员是两位 40 岁左右的男同志，他们问我：“买大肉还是买牛羊肉？”我说：“我要不大不小的一元钱的肉。”营业员一听，哈哈大笑。直笑得我莫名其妙，几乎羞红了脸，我转身跑回了家。

回家把原委一说，妈妈才告诉我说：“有的民族不吃猪肉，他们把猪肉叫‘大肉’。营业员是为了尊重他们的习惯，怕你买错了才问你的，你再去买吧！”

从此，只要我经过那间肉铺门口，那两个营业员就喊：“买不大不小一元钱的肉的小孩子，进来吧”。我总是瞪他们一眼，快快向前走去。

那时个体商贩特别多，有本市的小贩推着小车子，走街转巷，有卖油、盐、酱、醋的，有卖水果、蔬菜的，还有卖米、面的（那时不实行粮食定量）。市外来的商贩更多，有卖大鱼的，有卖针头线脑的。总之，从早到晚，有各种各样的叫卖声传到我们的大杂院内。有时下午放学回家，带上弟弟，坐在大门口的石狮子上，我们便可以饱览这一切。啊，天上的白云，街上的车辆，各种商贩的叫声，甚至那廉价的萝卜——心里美，这一切一切，对我都那么有吸引力，构成了我童年生活不可分割的一部分。

24. 参加“五一”劳动节少先队观礼队，第一次见到毛主席

1955 年是新中国成立 6 周年，北京城到处一片节日景象。一大早参加游行的人们穿着节日的盛装，涌向指定的地点集合，准备参加大游行。几年来我就盼着这一天呢。

1952 年过“十一”国庆时，妈妈领着我到了胡同西口，看到一队队游行大军喜气洋洋地向东单前进，我们零散人员却连马路都不能过去，我多么着急啊。等队伍都走完以后，我伤心地哭了起来，说：“人们都说到北京能看到毛主席，我连一次都没看到过。”妈妈也很同情我，却毫无办法。只有买点零食哄我。

1953 年的“五一”劳动节也举行大游行。爸爸领着妈妈跟随机关的人们去了天安门，我只能待在家里领弟弟玩。当然妈妈买了一些吃的，说了不少好话。晚上，妈妈说明年一定领我去。到了这年的十一，我们学校从四、五、六年级的同学中选一些优秀学生参加东四区的少先队观礼，每班只能选 5 个。我们四年一班有不少人选我，但老师说：“她太矮了，也太瘦小了，到天安门一去大半天，她支持不了”。就这样我又没去成，为这我还哭了几次。真盼着自己快点长大啊！

转眼间我已经是五年级的学生了，个子长高了不少，虽然瘦点，但经过参加学校技巧队的训练，体力比以前强多了。这年的五一我真正成了少先队观礼队的人选了,心里多么高兴啊！ 1955年是我们国家第一个“五年计划”的第三年，老师说今年的劳动节比任何一年都热闹。妈妈按照要求给我做了白衬衫，秀兰姑姑给了我一件花短裙。那天一早 5 点钟我们便穿戴整齐，手持花束等着。

来到学校，由老师带领我们二三十个人到指定地点与东四区的队伍集中，然后一起到了天安门广场。天安门两边的观礼台上逐渐站满了人。我们少先队员都站在天安门对面的广场上。游行开始了，走在最前面的是工人仪仗队，有两个手持鲜花的女工带领着方队缓缓通过天安门。后面是少先队，都穿着鲜艳的队服，第一方队放了彩色气球，第二队放鸽子，第三方队是舞蹈队。这时天下起毛毛雨。我们穿着衬衫短裙，可真冷啊！大家都没有带雨具，为了保持队伍整齐，也不许挤在一起，要保持原队形。带去的馒头都淋湿了，头发紧紧贴在脸上。但游行的人们依然情绪高昂。工人农民队伍都抬着各种模型，机关干部和学生步伐整齐，体育大军做着各种体操动作，依次从天安门前走过。我一直兴致勃勃地观看着这一切，心里那个高兴劲儿就别提了。最后，我们观礼的少先队员高举着鲜花，嘴里喊着“毛主席万岁”，一起奔向天安门城楼。毛主

席从城楼中间走到东边，挥舞着帽子向我们致意，然后又走到西边……我们使劲地喊着“万岁，万岁！”并跳跃着，几乎忘记了自己的存在……

这幸福的生活，激起我多少童年的幻想！看到志愿军伤员，我想长大了也上前线，当战地医生，抢救伤员；或用机枪打敌人，立个特等功；看到报上刊登的我国第一个女飞行员，我也幻想将来去开飞机，看看天空是什么样的；当听说我的同学詹琪她爸是工程师，受人尊敬，我也想将来当个什么师；二叔去日本留过学，我想将来要到苏联去留学。甚至什么顺风耳，千里眼，上天、入地、到海洋深处，到北极到南极……啊，世界在我面前闪烁着绚丽多彩而神奇的光芒，等待着我去探索，去开发，去大显身手。祖国，亲爱的党，给我们创造了这么优越的条件，有什么不能实现呢？时常陶醉在幻想之中，这也是一种幸福呢。

25. 人生观的培养

《六十一个阶级兄弟》：

“我们生活在社会主义的大家庭，
亿万人民，是一个整体，
同甘苦，共呼吸，团结友爱最亲密。
一人有事，万人相助。
舍己为人，不遗余力。
一处困难，八方支援。
颗颗红心连在一起。
我们，生活在社会主义的大家庭。”

这是当时最流行的歌。河北某水利工地，有 61 个阶级弟兄食物中毒，生命垂危。消息传出，北京，上海，南京等地派了医务人员，用飞机送去了急需的药品。终于挽救了这 61 个工人兄弟的生命，显示了社会主义大家庭的温暖。这首歌就是以此事为素材而创作的，很快就在机关、工厂、农村和学校传播开来。结合政治课，老师给我们讲社会主义制度的优越性。我们从内心里热爱这个养育了我们的祖国，热爱这个团结友爱的祖国大家庭。

从小我们就接受着“五爱”的教育。1952 年 9 月，当我第一次走进班大人小学的大门时，迎面是一个大影壁，上面写着苍劲有力的五行字：爱祖国，爱人民，爱学习，爱劳动，爱护公共财产。每天上学，映入眼帘的首先是这几行大字，它深深地扎根在我们幼小的心灵中。

后来，通过与志愿军伤病员的多次接触，听了他们的英雄事迹，深深为他们热爱祖国、英勇献身的精神所感动，决心长大了像他们那样生活。

上初中后，看了许多书籍，《谁是最可爱的人》《高玉宝》《志愿军英雄传》以及大量新旧社会对比的小说和报道，我对祖国和人民的热爱有了更深层次的理解。

学校老师的教育，团组织的培养，家庭的教育，都为我从小树立正确的人生观奠定了坚实的基础。

这一系列过程，是在长时间内逐渐形成的。这是个潜移默化、扎扎实实，逐步积累的过程，也可以说是根深蒂固的。

所以，当后来遭受挫折时，我仍能严格要求自己，努力工作，把不幸深深埋在心底。无论是后来在广西的艰苦工作，还是在云南的山沟里当工人，我都能一丝不苟地搞好工作，就是因为从小受到了良好的教育，优秀的品德和思想是我一生不断修养的目标。我热爱党，热爱祖国，可以说是铭刻在骨血里了。

26. 民族出版社的元旦联欢会

记得从 1954 年起，每年元旦前夕，出版社都要会餐，职工可以带着家属子女参加。因爸爸吃素，也因为当时牛羊肉便宜，我们一直是在回民餐厅就餐。出版社食堂分回、汉灶，相隔数米分成两列排队，锅灶原料都是截然分开的。

下午四五点开饭，饭菜花样繁多，而且非常实惠，一家人坐一桌，或夹杂着其他单身同志。大人们吃着、喝着，高声谈笑着。忽而哪一桌的人们猜拳，高亢的声音引得别桌的人们也去看热闹，抑或自己也站起来与同桌人猜拳。喊声、笑声、酒味，肉味、烟味，整个食堂沸腾了。这是我们最最高兴的时候，玩比吃更为重要。我们奔跑穿插于各桌之间，相互找着小伙伴，也悄悄以菜汤代酒，干起杯来。乌恩弟规规矩矩地坐在妈妈身旁，他看着大人们一杯杯地喝酒，睁着好奇的眼睛。突然趁人不备，拿起旁边一杯葡萄酒，一口灌下去。我和妈妈都笑了起来，他打了个冷噤，又舔舔嘴唇，自己也不由得笑了。

忽然，食堂的人们纷纷鼓起掌来，原来是二叔来了。二叔李鸿范那时是出版社主持工作的最高领导，是他最早与萨空了社长一起筹建了民族出版社。他开朗、活泼、平易近人、善良，业务水平高。因此在出版社工作人员的心目中，二叔是个好领导。他一来，食堂就更活跃，更热闹了。二叔在出版社的威信很高，在会餐中，他走到哪桌，哪桌就给他敬酒。二叔高兴地喝着、吃着，跟他们猜着拳。我们有时也在他身前身后转着玩，他总是很高兴地摸着我俩（我跟他的女儿高娃）的头，他那双手真大啊！

二叔的开朗性格，我1952年刚来北京时就体会到了。当他们住在井儿胡同时，每次我去他家，他见面的第一个动作就是拧我的脸蛋。见着乌恩弟，就一把抱过来，把他举得高高的，吓得乌恩"啊、啊！"地叫。三奶奶总是说他："看你吓着孩子了。"1955年春节联欢会时，他们已经搬到国子监。我们一家在腊月三十就到了他家，在出版社会餐后我们就住在他家。那年，我和高娃都是短头发，头上扎着粉红色的绸子。我俩坐在大食堂的地上看文艺节目。这时二叔走进来，他说要给大家变魔术！人们都高兴得叫起来。他快步走到高娃我俩跟前，酒气冲天，满脸通红。我们吓得赶紧站起来。二叔伸手解下我俩头上的绸子，又走到大食堂中间，用这两条绸子变起戏法来。这两条鲜艳的绸子，在他那双大手中，忽儿出现，忽儿不知去向，人们又鼓起掌来。几个贴心的人知道二叔喝醉了，就把他送回家里，我和高娃也跟在后面，蹦蹦跳跳，回到离出版社不到500米的二叔家中。家里只有妈妈和三奶奶在说着话，一见几个人把二叔送回家，奶奶着急了，以为出了什么事。二叔傻笑着说："妈妈，我没醉。"奶奶问他吃点东西不？二叔说："他们在炉子上给我煮馒头呢。"说完还用手比了个馒头的样子。高娃我俩头一次听到"煮馒头"，不由得跳到他面前喊："煮馒头，煮馒头"。二叔笑着，在我俩头上一人打了一巴掌。我们又返回出版社看节目。

1955、1956年的元旦和春节也是很热闹的。往往是会餐以后便是文艺节目表演。演几个节目后就跳舞。我们只对歌舞有兴趣，看完就跑到各个游艺室去玩。父母亲在那种场合从不说我，总是让我尽情地玩，痛痛快快地玩。

会餐结束后，我们耍闹一阵就到处找爸爸。爸爸性格内向、稳重，很少跟别人大声吼叫着猜拳。看完节目后，他一般都到猜谜室去。那里挂着一屋子五颜六色的窄条纸，上面用毛笔写着谜语。猜中了，便撕下来交给工作人员，告诉他谜底。猜得对就发给奖品，或几支铅笔，或几块糖，或一把花生。我每每跟在爸爸后面，他猜中了，就撕下条子告诉我谜底，让我领奖品。一晚上爸爸能猜中二十多条呢。虽然奖品并不太值钱，但那是爸爸为我得的呀，所以就显得特别珍贵。糖吃起来也特别甜，我常常与高娃一起分享。随后，爸爸就到棋艺室去了，我又去玩别的游戏。游艺室也很热闹，有时我和小伙伴去，有时我和妈妈去，我们最爱玩套圈，一直玩到 12 点才回家。

27. 学生卖报纸

1958 年的春天，“教育改革”的苗头已经在某些学校出现了。今天听说某某学校办起了小工厂，明天听说某某学校种了一块试验地，后天又听说某某学校建立了厂校挂钩制度。搞得学校某些领导心慌意乱。我校是东城区重点，总得做出榜样呀！不知是什么人给出了主意，也不知是什么人牵的线，我校从北京晚报社搞来当天的报纸，分给初中班的同学去卖。赚的钱交给学校，做为勤工俭学之用。

我和同学王丽华、张春禾共分得150份。我们都在北京长大，谁干过这个事？三个人谁也不愿分开卖，只好一起走街串巷卖。女孩子脸皮薄，怕被熟人认出来，只敢在偏僻小巷转悠，而且都戴上围巾、口罩，也不敢叫卖。商量了半天，由一个人喊：“一、二、三”，我们便一起叫“北京晚报”，然后不由自主地大笑起来。路上的行人看着好奇，并不知我们在干什么……后来逐渐习惯了，壮着胆子主动问人家买不买晚报。这样勉强卖出了几份。

眼看天快黑了，心里很着急，到鼓楼附近卖了一些。因怕见熟人，我们又转到北边偏僻小巷里。在一座大门前站着一大群人，我们便凑上去大喊：“北京晚报”。里面忽然冲出十几个穿病员服的男女，傻乎乎地笑着，要买报。我们一看门口牌子，才知是精神病医院，吓得我们抱头就跑。跑出几百米，心还咚咚地跳。

那几天，每天都要剩下十几份，我们三人只好平分，由家长给垫钱。爸爸很不高兴，说怎么让女学生干这种事，而且家务活也没时间干了……倒是男同学卖得快，他们大多是孤军战斗，也能主动塞到读者怀里，因此他们天天得意洋洋。我真担心让我们永远卖报纸。

一星期后，校长从外地回来了，听到这个情况很气愤：“我们要培养商人吗？”“要培养孩子们厚皮赖脸、耍贫嘴吗？”“要荒废学业吗？”……终于在一次全校大会上宣布：我们宁肯不要钱，也不能让学生去卖报纸。我们女同学如释重负，松了一口气。

后来，校长让我们在校园内种试验地，把礼堂改为木工车间，做汽车、拖拉机和飞机模型等。现在想起来，这位校长真是不简单。

28.1958 年参加“五一”劳动节游行队伍

一年一度的“五一”国际劳际节又来到了。

早在一个多月以前，学校就组织了鼓号队。我先是参加了小鼓队，后来由于学习以外的事务太忙，班里、团里的工作很多放弃了。自从我们升入初二以后，班主任老师已不像以前那样，大小事情都来过问了。很多工作交给了班、团干部，也很少到班里来。因此，我们肩上的担子很重。除了班里正常工作外，我们还要帮助后进同学，家访生病的同学，找任科老师反映同学们的意见，找要求入团的同学谈心，检查班级是否完成了学校布置的工作，隔两天，我还要到校医室值班、帮助校医做事……有点像“老师助理”了。因此，我退出了鼓号队，参加到游行的队伍中。游行队伍练了 20 天，每天下午练习，同时做纸花。

五一那天，我们于早晨五点半准时来到大操场。

仍然是队服：男同学是白衬衫、蓝裤子、白球鞋；女同学是白衬衫、花裙子、白球鞋，头扎粉红色蝴蝶结。同学们手拿着清一色的粉红色桃花，集合前在操场上跑来跑去，有的三五一群在兴奋地说着什么。整个大操场被点缀得花团锦簇，充满了青春的活力。

五点半集合。每 10 人一组，由组长检查每人的服装、食品等，检查是否有人带了小刀、望远镜等违禁物品——谁敢带？早都强调了多少遍了！游行前，老师再三告诫，要提高警惕，严防阶级敌人破坏。还提出了“队伍钻进陌生人怎么办”“有人往游行队伍中扔手榴弹怎么办”“掉了队怎么办”等问题让我们讨论。还制定了买东西、上厕所的具体规定。

当时我们都还小，闻不出这里的火药味，除了暗暗下决心遵守纪律外，我们完全处在极度的兴奋之中，觉得能去天安门，能见到毛主席，是多么幸福。

出发前，老师又强调了纪律，全场鸦雀无声。我们都冷得直发抖——北京的5月初，春寒还未过去呢。然后，浩浩荡荡的游行队伍就出发了。每一中队（或班级）有一个带队老师，老师们也穿着白衬衣，戴着红领巾，脸上洋溢着节日的欢喜，他们也似乎变得年轻了。

还是原来的践线：从交道口—北新桥—东四—东单，沿东长安街向天安门行进。马路两边早已站满了人，游行队伍填满了整个街道。一个学校拿着一种花，一个学校是一种打扮，尤其是鼓乐队，阵容强大，鼓号齐全的学校特别神气，一路吹吹打打，我们迈着矫健的步伐行进着。

队伍走走停停，大约快到东单的时候，已是九点半了。“庆祝五一国际劳动节游行大会”宣布开始。全部行进中的队伍都停下来，奏乐、讲话、放气球、放和平鸽。马路上的高音喇叭中传来阵阵欢呼声和鼓乐声，整个天安门广场沸腾了。接着是游行。先是工人仪仗队，然后是少先队仪仗队、工人游行大队，学生大队，农民、机关干部、市民，最后是文艺大军和体育大军，一切都是往年的顺序。

我们仍是跳跃着、欢呼着通过了天安门广场。在学生大军中，我们是第一路。通过天安门时，是十路共进，每路约 50 人。就是说，过天安门时、每一横排有数百人之多，可见广场马路之宽阔。过了天安门到了北池子，我们的队伍折向北方拐弯了。到了宽街后，我校队伍解散。真累呀，有的同学脚底起了泡、有的扭了脚脖子。鼓号队的同学也早已失去了威风，手提着鼓，无精打采地往家走——毕竟是大城市的孩子，平时何曾走过这么远的路?

回到家里，爸妈和姥爷正在包饺子，大弟弟乌恩在院里玩，小弟弟巴义尔也接回家中，坐在小车子里。一看见我，便伸出双手，啊啊地叫着。我赶紧到自来水龙头下，洗净手脸，抱起了他。一身的疲劳似乎也减轻了。

29. 搬到和平里的单元楼

民族出版社发展得很快。社址原来在国子监胡同的一个大院里，后来与和平里的一个交通部下属单位调换了房子，并在那里盖了不少宿舍，能把在四面八方的住户归拢到一起，于是大规模的搬家运动开始了。

因为爸爸是出版社的老职工（创社元老）、家有病人（妈妈正准备退职休息）、家中有 16 岁的女儿，两个儿子，且女儿已上中学，应分房间居住……这样，我们便得到了一套楼房。搬家的日期由出版社决定，因要统一调度车辆。

1958 年 5 月中旬的一天下午，我从学校回家，父母亲正在忙忙碌碌地收拾东西，大汽车就停在大门外，有人帮着装车。因我们临近期中考试，我要求暂时留下来住先前的下洼子胡同大院，因这里离分司厅中学近（原东四二中心小学），几分钟就能跑到学校，而且学校有食堂。爸妈同意了，跟机关打了招呼，让我住到期末考试后再回和平里。

我们随车到了和平里。新居在四楼，两室一厨一厕一阳台、大屋向阳。明亮、洁净、宽敞、方便，有独立的卫生间、管道煤气。我们忙着刷地，拖地板，安置家具。我和弟弟从这间屋跑到那间屋，别提多高兴了。

这栋楼在马路北侧，楼后是林业部宿舍。楼前的柏油路上车水马龙，两排高大的白杨树整齐而挺拔。马路南面是一个大煤厂，空旷的场地上摆着一堆堆煤面和做好的蜂窝煤。西南是一条南北向的土路，有和平里副食品商场、饭馆和照相馆，我和弟弟一下子就喜欢上这里了。

后来才知道，和平里七区的单元房是当时北京市很高级的房子，由国管局分给民族出版社两栋楼做宿舍。彼时很多人都住平房和筒子楼或者是单位的几人合住的宿舍。

那时我们从下洼子胡同大院搬到了和平里，后来 4 路和 8 路无轨电车（以后改为 104、108 路）在和平里家门口都有站了。在和平里一区、地坛东门附近，住着我班的王宏平。我俩放学后，常结伴而行。她是东北人，住在姐姐家。白天还好，晚上 9 点半下晚自习后，我俩从雍和宫那里的豁口往北，沿着地坛公园的东墙走，真有点害怕。好在那里有一个兵工厂（即现在的航天某集团），高墙上安着带电的铁丝网，还有人在高炮楼里站岗，红红的电灯、站岗的哨兵，无疑给我们壮了胆。

30. 大炼钢铁

1958 年是大炼钢铁的年代，也是各行业大跃进的年代。学校也卷入了这一洪流。

先是叫同学们献废铜烂铁。同学们从家里提来了破铁锅、炉钩子、炉铲子、生锈的铁钉、卷刃的菜刀、马蹄铁掌、破铁桶，五花八门、乱七八糟，堆在操场的角落里。

由于各校互相比赛，便纷纷组织同学们去捡废铁。每星期三、六下午，同学们三五一伙，走出安定门、德胜门，过了护城河，穿过一排排低矮的房屋，一条条破烂的胡同，一片片空旷的野地。我们的眼睛直盯着地上，一片铁、一颗小钉、一段铁丝都成了宝贝，都是我们寻觅的对象。

走啊走，拣啊拣，能有多少留给我们呢？周围厂、学校、机关和居民们已经多次“扫荡”此地了。

学校北门有一个汽车配件厂，整日放着慷慨激昂的歌曲，什么“十五年赶上老英国”，“一天等于二十年”呀等等。工人晚上加夜班不要加班费，产量直线上升。报纸上连篇累牍地刊登着各地大跃进、大炼钢铁的振奋人心的消息。

结合学校情况，校长号召在我们一个月内每个班都要做一件惊天动地的大事情。有的班决定一个月炼 500 斤钢铁，有的班与工厂挂勾，创造了几百元的产值，上交学校 200 元；有的班决定将学校试验地包下来，亩产玉米达到几千斤。我们班、团干部与同学商量的结果是在一个月内创作诗歌 1080 首（当年国家炼钢目标要达到 1080 万吨）。

这样，全班学生都成了诗人，每个人都在搜肠刮肚地造诗。我是极不善长作诗的。万般无奈，也做了几首“喜鹊树上喳喳叫，跃进歌儿唱不尽……”之类的空洞诗。

每天下午四点以后，学校广播里播送歌曲和诗歌。往日那种秩序井然的学习氛围给搅乱了，人心都被大跃进鼓得乱糟糟的，人人都想干一番大事业，却又干不了，心像悬在半空。

不久，不知是哪个学校先带头，提出了“我们也要大跃进，学生也要炼钢铁”的口号。各学校纷纷响应。我校也在南分校的校园里建了几个矮矮的“土高炉”。几个班的同学轮班炼，炼啊炼，终于炼出了一块 12 公斤重的大铁疙瘩。学校指定我们三个班的团支部送往东城区教育局报喜。我们敲着鼓，打着红旗，抬着大疙瘩，兴高彩烈地走在大街上。像这样的报喜队，街上也不少。到了区教育局，出来个什么人，握手、祝贺，接了铁疙瘩，进屋。我们又满怀豪情地回到学校。

“分司厅中学炼出了钢！”未经鉴定，便登在跃进小报上，自然是极其鼓舞人心的。但不久，各校的高炉就都停产了。

我们又与对面的汽车配件厂定了合同，将他们的一个手工操作的车间的一部分移到东分校的院内，每天由各班轮流劳动，由厂里的师傅领着大家干，这样就安定多了。每班每星期只劳动半天，而且还能学到技术。但不久，这种劳动也停止了，因为，我们就要期末考试了。

考试结束，我被保送到北京市重点中学女二中，还被指定为团支部书记。

31. 转学到西单中央民族学院附中

1959 年 9 月，爸爸说：你二叔（李鸿范）已经给你联系了中央民族学院预科。那里是公费，你到学校办转学手续吧，这对你将来上大学也有好处。

我感到那么突然。以前怎么一点儿也没有听到这个打算？到女二中已经一个月了，我深深地爱上了这个学校。那亲切、朴实、漂亮的班主任，那知识渊博的语文老师，那美似女演员的化学老师，还有 50 个可爱的同学们！咱们刚刚熟悉并互相吸引着，我怎么舍得离开你们？晚上，我久久不能入睡……

我应当理解父母亲的处境。第二天，我按时到了学校。跟班主任谈，跟教务处谈，跟校团委谈，她们的吃惊和我的纠结可想而知。所有的人都问一个问题：为什么？

我办完了手续，已经是第二节课快下了，课间操同学们都要下来做操，我怕碰见她们，怕抑制不住自己的泪水。我最后看了一眼三楼，那熟悉的教室，那熟悉的同学们，别了，女二中！

国家民委机关已从大取灯胡同搬到了西单。三司是主管教育的，一位中年干部接待了我。他仔细地看着我的成绩单和评语：“你的学习不错。像你这样的年龄和经历，到民院是难以适应的”。为什么呢？民院预科有两种，预科一部、预科二部，分别招收不同的学生。那位叔叔见我进退两难，便出主意道：“干脆你到民院附中去吧？附中学生的确质量高，它同时受西城区教育局的领导，参加全区、全市的统一考试。教师中有好几个优秀教师。而且，今年附中的两个高中班都是医疗班，将来要上医学院的。学生素质不错，校风也好。”

一天之内，我自己办完了从北京市女二中转到附中的全部手续。我永远忘不了这一天，这是我生活的转折点，它决定了我今后的工作性质和生活道路。

1959 年 9 月底，国庆十周年活动临近了，耳畔传来歌声：

一首山歌万人唱，胜利花儿开，
十年捷报天下扬呀，胜利花儿开，
五湖四海，气象新，
六亿人民心花放，歌声要比霹雳响呀，
唱呀，唱呀，唱呀，唱呀，唱的歌儿唱的响呀，
千山万水，放呀放光芒呀，
胜利花儿开，胜利花儿开！

我在附中的学习生活就在这歌声中开始了。

附中坐落在西单石虎胡同，是闹市区的一个僻静的东西向小胡同，坐北朝南，很庄重的门楼，两扇厚重的大红门。一进门就是传达室，墙上挂着各班学生的名牌。里面是一个小四合院，是老师们的办公室。这个四合院的东北角的一个小跨院里有三间正房，各自有门，住着三位老师。最里面的那间，曾是我四爷爷李青龙住过的房子。1952—1957 年，我可是这里的常客。有时是爸妈让我来替他们看爷爷奶奶，有时是我和高娃来，有时是随爸妈来。自从爷爷调

到呼和浩特市后，我就很少来了，只在放寒暑假前来看过秀兰（大名童乐歌，1959 年考入北京大学技术物理系）姑姑，她是附中的高材生。

在这个四合院的东边有一小门，进门是一个小院，有三间南屋，是学校的医务室。从小四合院往北走，有一个走廊，那里两边都有橱窗，展览着优秀学生或穿着节日盛装的少数民族同学的照片。再往里走，往西，便是大操场，操场西边有大礼堂，还有几排用作教室和宿舍的房子。

从大礼堂往北，又是一个大大的四合院。大青砖铺满院中空地，房子清一色青砖灰瓦，那青砖又大又厚实，房基也很高，特别是正房。这个大院落各有偏院，东偏院是图书馆和阅览室，西偏院是女生宿舍。图书馆和阅览室往南到操场，往北还有一个小后院，是教师宿舍。

在这个大四合院的北边，是一个狭长的独立院落，有个石碑，那是成吉思汗的牌位，有大槐树，西房和北房是我们的食堂。从大操场往北，还有一个东西长的院子，那里座落的是实验室。

这个学校完全不同于女二中，女二中是现代建筑，简洁明快。附中是一座王爷府，古朴、厚重、庄严，透出深深的文化底蕴。高大的房屋，古老的槐树，大红的廊柱，老式的方形玻璃窗，嵌在碧绿的木框之中，可以想象当年王公贵族们的奢侈生活。

附中以前叫北平蒙藏学校，曾经培养出了多松年、乌兰夫等革命者。1956 年以前，这里的学生蒙古族居多，有很多是从乌兰浩特转来的。其他是藏、回、朝鲜等北方少数民族学生，由国家供养，每月吃、住、看病，全是公费，还有 3 元零用钱。

从 1958 年开始，学校招收南方少数民族子弟。1959 年还招收了两个北京市蒙古族子弟的初中班。当然，也有少量外地民族生。我把情况告诉了爸爸，爸爸在电话那头沉默了一会儿。说："就这样吧！"之后，家里每月只需给我两三元零用钱就可以，终于减轻了家庭负担，我也如愿读了高中。看来，这是两全其美的办法了。

每天清晨，伴随着《东方红》的乐曲声，我们就起床了。我的感觉特别好，电报大楼离学校很近，每天早晨 6 点钟准时响起"东方红，太阳升"的优美动听的旋律，与此同时，学校的起床铃也响了。我们赶紧起床，跑步到盥洗室，洗漱完毕，直接到教室上早自习，读外语，背公式，预习新课。45 分钟的早自习后，去食堂吃早点。

8点钟开始上课。两节课后是课间操，再上两节课，就到中午了。午休后又是两节正课，然后是自由活动时间。因为与班里的同学们不熟悉，我又是刚从女校转来的，不习惯班里有那么多男生在身边转来转去。所以，只要一下课，我就约上高娃妹在校园里散步、聊天。晚饭后，7—9点上晚自习，下课后洗漱，9:40熄灯。

学习方面，我格外轻松。附中有非常优秀的教师，有四位市级优秀教师。教几何的是一位胖胖的，慈祥无比的老教师，每节课基本不看教案，一切内容尽在心中，三角尺教具、圆规等运用自如，在他娴熟的指挥之下，规、矩、方、圆、解，仿佛都有了鲜活的生命，跳跃在黑板上，让我很容易就亲近它们，记住了它们背后蕴含的原理和各种公式。教生物的也是一位老者，瘦瘦高高，特别爱笑。当讲到人体内各器官时，他为器官的科学排列和组合而自豪，哈哈大笑。讲化学课的同样是一位有经验的教师，比前两位稍年轻一些。一双大眼睛透着精干，身材中等，穿着整洁，一站在讲台上，就有股为人师表的威严。他上课，没有一句废话。我在女二中听不懂的“克分子”，只上了他一次课，我就完全明白了。教俄语的是一位温文尔雅的女老师，姓吴，是由苏联专家教授过的，发音准，语法熟，跟同学关系甚好。当然，我学起来也十分轻松，因为俄语的发音方式接近于蒙古语。

32. 在魏公村的大学生活

1962年从附中高中毕业，我被保送到中央民族学院政治系，8月入学。主学专业为政治理论教育专业，目标是培养少数民族中、高级优秀人才，主要是党政领导干部。由于专业的原因，我与“政治”结下了一生的“某缘”。

课堂上讲授的是马、恩、列、斯、毛的著作和相关的政治理论；布置的作业是阅读上述伟人的原著，并要求书写大量的读书笔记；讨论的内容涉及到党和国家的一系列方针政策；党团组织的活动也紧紧围绕着党的中心工作而展开。国际国内发生一些重大事件，包括学雷锋和忆苦思甜，中苏论战日趋恶化，掀起学习毛泽东思想的新高潮，中国试验成功第一颗原子弹，社会主义教育运动等，每天都会传入耳畔，我们被浓重的政治气氛包裹着。

大学生活是丰富多彩的。班里除了三个附中来的学生外，其余都是本院预科升上来的，且都是少数民族。他们朴实，热情，真诚，非常好处——这就是民族院校的特点。

在大一、大二的两年里，我担任着班级团支部副书记兼组织委员的工作，后被选为政治系团总支宣传委员。我们的班级是全系人数最多的班级，光团员就有 50 多名，一开团支部大会，黑压压坐满一教室，我常常站在讲台上部署支部工作。团支书是党员，是党支部派来的，他是指导我们的，具体工作则以我为主。另有三个委员，每天晚饭以后，找我“汇报思想”的同学们常常排着队“轮谈”。因此我与老师的接触就多，对同学们的思想动态也比较了解。我总是平等待人，以诚处事，再加上学习成绩优秀，我在班里人缘极好。老师们对我也十分客气。

我参加了学校的话剧团，曾经演过《三月三》，扮一个回娘家的小媳妇。我是政治系舞蹈队的成员，每逢欢迎外国元首或重要来宾，我们便在钓鱼台国宾馆门口穿着民族服装翩翩起舞。凡是到北京人民大会堂参加会议，中央民族学院的学生作为少数民族的代表，都要盛装前往，是人民大会堂里一道亮丽的风景线。我还参加过刘少奇主席主持的国宴，有邀请函。参加过在中山公园举行的中日青年友好联欢活动。出席过国家民委召集的座谈会，被邀请观看民族歌舞晚会。这些活动，往往全班只有我一人参加。

更让我骄傲的是，我的家在北京，父母双全，都有工作，两个小弟弟活泼可爱，虽然物质生活并不丰富，但老的有爱，小的有情，家庭是幸福的。

班里 60 多人，除了两个回族同学以外，其余的家都在边远少数民族地区。星期六下午或星期天早上，我常常在同学们羡慕的眼光中走向回家的路，生活是多么美好！天高地阔，阳光灿烂，真有些心旷神怡的感觉。

我喜欢大学，还因为它有许多相对自由的空间和时间。没有课的时候，我会一个人到图书馆，找一个安静的角落，阅读书报杂志或做读书笔记。当时，我的思想非常单纯：学生嘛，就是要学习知识，博览群书，加强修养，增长本领，将来做一个对社会有用的人。我是一个理想主义者，又是一个追求完美的人。因此，总是认为把基础打好了，将来才能有个好工作，有个好家庭。“千里之行，始于足下”嘛！

我们还经历了三年经济困难时期。粮食开始定量，副食品凭本供应，每人每月二两油，一两芝麻酱，家里的芝麻酱放在厨房的碗柜上层，就这样小弟巴义尔还经常搬来凳子偷吃芝麻酱，嘴上还沾着一片片，笑容绽放在小花脸上，说“姐姐，我吃鸡毛酱了！”惹得我们哈哈大笑。1959 年夏天，我印象特别深刻，由于闹水灾，农业减产，我们一家每天只有 9 两菜，菜站里西红柿是青的，土豆只有乒乓球大，黄瓜不到半尺，茄子、豆角成了稀罕物。

1964 年的暑假，我们家有两件大喜事：一是乌恩弟弟小学毕业了，在爸爸的劝说下，报考了中央民族学院附中。他的成绩很好，完全可以上清华附中或者北大附中。乌恩弟从五年级起就是少先队中队长，左袖上戴着两道红杠杠的“官衔”呢。二是巴义尔小弟该上小学了。因他不足 7 周岁（差近两个月），学校在正常录取后，有了空额，才对他进行单独考试的。除了简单的数学以外，还测智力。老师画了一个钟表，表盘上的字是逆写的，即在 1 的位置上写 11，在 2 的位置上写 10……他居然找出了差错。老师很是惊喜，破格收了他（因当时名额有限，不足年龄的孩子还有好几个，不可能都录取）。妈妈回来后讲了这些，全家人都非常开心。

这样，我们家年龄差距甚大的三个孩子都成为了学生，一个大学生，一个中学生，一个小学生。

1953 年李玉明作为东城区少先队员代表拜访在北京疗养的志愿军叔叔。

中央民族学院附中，
前右2李玉明。

中央民族学院附中的
学生们，后排戴浅色
围巾者为李玉明。

《民族画报》报道各民族代表参加了国庆活动。1956 年

李玉明（后左一）参加国庆活动后和同学们留影，大家换着穿各民族的服装。1961 年

1962 年李玉明被保送到中央民族学院。

1962 年中央民族学院政治系的部分大学生团干部，左为李玉明。

六　一个男生眼中的北京片段

巴义尔的哥哥乌恩（小学时被老师起名李文恩）在和平里三小、中央民族学院附中上学，在北下洼子胡同、和平里七区住过，也是跨越了两个民族文化空间。儿童、少年时期对北京城有着独特的记忆，写下几十万字的回忆录。以下摘发他小学、中学时期的记忆片段。

33. 民族出版社幼儿园

民族出版社已经搬到国子监街特 54 号院，外面是办公楼和家属楼。每天我去幼儿园要经过安定门内大街一段，两边大多是商铺、大车店、修车的、造车的、钉马掌的，街上弥漫着马掌烧糊的味道，路边车轱辘、车架子、骡马桩随处可见。安定门是京城两个北门之一，马车比汽车多，很多路段都是条石铺的，还有有轨电车通往市内，那种车我们小孩儿可不敢坐，要在马路中间等车乘坐，声音很大，前后有门，两侧都可以上下，停车也没准儿，边滑行边上下车，跑得快可以追上它，跌跤的也不少，后面叫喊司机也听不到。国子监街东西口都有高高的牌坊，路北有很多古旧的院落（国子监、孔庙），有时妈妈带我在安定门路边的饭馆吃早点，许多店铺都是灰色的二层楼，像教堂，楼上也待客，家小们一般都在后边大杂院生活，小孩儿们也都是破衣烂衫、蓬头垢面的，饭菜倒是蛮香的。也有卖服装的，但估衣店多，都是旧的，想买好衣服的要去交道口、北新桥、东四人民市场。

出版社幼儿园是个宽敞的大宅院。第一道是个月亮门，东西厢房都是我们午间休息房间，很高很大，在东房（中班）是两个床并在一起。转到西房（大班）时，都是单独床，我的床高，邻近的沃瓦的床低，他爸爸德林（锡伯族）是副社长，他的枕头好，是鸭绒的，上面露出的鸭毛很小很圆，非常好玩儿，我就慢慢往外揪，揪完一根又露出一根，我就再揪。后来揪不到了，就伸长身子够，一不小心“啪嚓”，我摔地下了。刚来的外省边疆小孩儿不太懂汉语，就慢慢来，大家一起玩儿。幼儿园的阿姨都很好，很耐心地对待各民族的孩子，一视同仁。

快过儿童节了，要排练新歌舞节目《马车夫之歌》，3 个女孩儿当马或马车，一个男生当马车夫，但是谁也不愿意当马车夫，因为大家虽小但都很保守，平时不跟女生玩儿，演节目更丢人了，他们看我老实，就做我和家长的工作，姐姐也耐心劝我，说没什么，她们在前面，离你很远，而且就在幼儿园跳，不出去演的。我勉强同意了。他们给我粘了胡子，穿上老车夫蓝色棉布的衣裤，打上白布腿绷，手里拿个鞭子，排演了几回还行，也没什么太大的困难。演出时，来了记者不停地拍照。

国庆节到了，我们也在幼儿园庆祝，在院里用巨大的积木搭成天安门的样子，我有一套深蓝色的海军服，比我小一岁的李在成（朝鲜族）也有同样的一套，由我们两人负责站岗，当作警卫战士，守卫天安门城楼。所有小朋友站好队举着小红旗游行通过天安门，还喊着毛主席万岁！共产党万岁！游行结束，大家要聚餐庆祝了，全园的孩子分成汉灶、回灶两处，所有的长条桌上摆了很多好吃的菜，还有鱼、肉，好好改善了一顿。接着大家换上本民族的服装合影，记者们又是一通狂拍。

阿姨还带我们去过北海公园，天安门，多次照相留影；雍和宫、国子监也是经常光顾的地方，因为雍和宫与民族出版社这些文人关系密切，尤其蒙藏文化宗教传统有很多渊源相通，那里的场面很奇特，大殿威严阴森，喇嘛身着袈裟，头戴高帽，奏乐和歌，摇头诵经，还有世界第一大木佛；国子监就在出版社对面，高高的红墙庙宇，有很精致的大理石栏杆、小桥，宽敞的殿堂。蒙古文室的人有些雅兴，谈古论今。阿姨还组织我们去外面看电影，去郊区农村玩儿。后来幼儿园有了专门接送儿童的人力三轮车，带蓬的，每天坐车，不用自己走了。遇到下雨看着外面车夫艰难地行进，有时还要抬起屁股使劲蹬车，汗流浃背，也很感慨，恨不能自己快快长大，别给人添麻烦。我家离安定门三四里地，小时候就爱看汽车。我住东四六条 5 号院时走丢过，多亏了民警。大点了就爱看火车，安定门有火车站，很多客车经过，绿皮的车厢。货车更多，经常在那里调车卸车，城墙外绵延几里都是煤堆，安定门的箭楼我也上去过，登高远望看着人来车往、繁忙都市，感觉很畅快。1956 年箭楼拆除，1969 年城楼拆除。

34. 住上和平里新楼房

第一次住进和平里七区的楼房，白白的墙，干净的水泥地面，还有自来水，有冲水马桶，屋里还可以生炉子，开始烧干净标准的蜂窝煤，用炭基点燃，可以在厨房拉开垃圾口的铁门将煤灰直接倒下楼去。大概是 1960 年就通了管道煤气，那在北京也算是很超前的。

据《北京日报》报道，1958 年 3 月，北京利用首钢焦炉煤气为气源，在古城地区开始组织人工煤气试点工作。当年 7 月，第一条长度为 5.2 公里的地下煤气管道开始铺设。当年年底，古城18栋楼522户居民成为首都第一批使用上人工煤气的居民用户。1958年，北京焦化厂作为“国庆10周年献礼工程”的配套项目投入建设，1959年11月18日建成第一座焦炉并投入生产，由此拉开了首都北京大规模发展城市煤气的序幕。1959年11月，朱德委员长到工厂视察。次年11月再度视察并亲笔题词“大力发展煤的综合利用”，同时题写“北京炼焦化学厂”的厂名。

房子有朝南的阳台，向远处眺望，可以看到东边的日出，西边的西山，南边的老城墙掩映在地坛公园的绿树中，附近的景色一览无余，街道上跑着从捷克进口的无轨电车，发出悦耳的声音，有长的也有短的，有咖啡色、天蓝色的。每天睡前醒后，我躺在床上注视着它们不同的灯光，东边来的，先将灯光照在西墙角然后慢慢向屋顶移动，转向东墙消失，西边来的是反方向。载重汽车很少，多数是马车，响着铃铛，还有鞭哨，昼夜不停，踏着同样的节奏。

这里是北京市开发的新区，没有老住户，只有机关和商业单位，还有一些杂七杂八的仓库，露天存放，拉着铁丝网，一钻就能进去，但也没什么可玩的，都是木材和建筑材料。楼西是一片玉米地，绿绿的，一天比一天茁壮，我们路过就拿玉米叶当箭射着玩儿。用手抓住叶柄根部，突然往下一拽，箭就射出去了。楼后是码成一垛一垛的红砖，我们就在那里打游击战，用手指比划着当手枪，嘴里发出连续不断的枪声，打了一会儿就有人被打“死”了，过一会儿又换了不同角色上阵。以后就改了弹弓，那个有危险，虽然每人都有但不常用，主要用来打鸟。姐姐在楼上喊我吃饭，我怕暴露目标，弯着腰向她打着手势，她还在叫，我被人发现了，只好退出战斗回家吃饭。当时放映电影《三剑客》，大家都要学剑客拼剑，我们就自己做。从外面弄来崭新的铁丝，弯成战刀的形状，前面还能颤动，互相对刺，当然只是比划，并不玩儿真的。刚刚做好那天，我高兴的向上一举向下一劈，唰，乳白色的灯罩被削掉一半，应声落地，把我吓坏了。中午告诉了妈妈，她偷偷买了一个，在爸爸回来前换上了。

和平里有了民族出版社大楼，幼儿园也从国子监一起搬了过来，设在西楼。我结交了很多新朋友，在楼前楼后追逐打闹，玩各种游戏，学着电影里的情节、角色、对话、音乐，人最多时有二三十个小孩儿。我们带着长短枪、战刀、木棍，先放一颗二踢脚（炮仗），然后大家一起冲锋，西边的玉米地改成了菜窖，先在上冻前挖好了大坑，到处是土坷垃，分成两面对打，土块打到身上就碎了，伤不到身体。后边的动迁户新楼的居民小孩儿淘气，常到我们楼后破坏，乱蹿，我们就集合起来突然出击，向他们进攻，几十个孩子手持武器，大声呼喊着一起冲锋，非常壮观，他们都吓坏了，以后再没有来骚扰。我们大一些了就打扑克、下棋，当然最刺激的还是玩搧烟盒、弹球、砸核桃、扔牌、拉根儿这些带有输赢的游戏。

还有弹球，用玻璃球，来源是跳棋子。玩牌（读三声），是用捡来的石头片，薄一点，圆形为好，互相追逐打击，如果打到了，就用力将其打碎，如果一次未打碎，他就活了，接着再玩。砸核桃，是用牌，划条横线，前面挖一个小坑，放几个核桃子或杏子，每人出同样的数，先掷远近，近坑者先砸，砸出多少就归他。打嘎，这是后几年传入的，先划一个大方格，写上数字，嘎是木头削的，两头尖中间圆，每人手持一块小板，要简单修一下才能用，用板头轻敲嘎头让它蹦起顺势打出去。对方要问几丈，自己说几丈，对方说不给，就要丈量，要迈大步，两步算一丈，按实际丈量数给，如给了就按打到目的地算，接着就轮流打，可以不断向前，活动量很大，还有技巧。

打仗或拼杀，两个人可以对打，用什么兵器要双方认可，比如同样长短的木棍，高粱秆儿，玉米秸，竹竿，如果人多就由两个最厉害的分头点人，分成两伙对打，最后剩下的弱小的就搭给一方。事先分成“好人、坏人”，坏人最后下场都是抓起来“枪毙”。有一次，刚下完雨，我不小心从楼外角散水坡滑出去，小腿被煤渣子划伤，烂了一片，妈妈看到后，背着我去和平里医院洗了伤口上了药，后来留下很大的伤疤。我们还玩瞎子摸鱼，一般在雨天大家都出不去时，十个八个孩子集中到四楼，以三楼半为界，亮出手心手背，少者再出，最后一个当瞎子，将他眼睛蒙紧，大家开始猫腰躲藏，他就慢慢地从楼梯上来摸抓，谁被抓到下一回就当瞎子。

邻居烤馕。春节前，院子里挖了很多的土坑，还有一堆一堆的砖头，邻居一边说笑一边干活儿，于是又出现了很多圆圆的“小碉堡”，这时候出来很多女人，她们头上裹着毛巾，手里端着笸箩，里边好像有些什么，她们忙乎了一气儿，又换人了，全是男人，也有小男孩儿，从各处搜集的木板，树枝，还有树桩树根，他们开始烧火，白天烧，夜里烧。停火之后，女人又出动了，她们端着笸箩，从小碉堡里取出了金黄色的食物，原来是新疆烤馕，每家都有几口袋，烤完兴冲冲地回家了，留下了一大片“小碉堡”。

过春节时大搞爱国卫生运动，大家平整了院子，栽种了桃树、花草，用砖头围上，还修了小路，前院红砖路面，后院煤渣路面，整个宿舍区如同花园。

小孩子也学乖了，尽管都是从边远地区来的少数民族家属，大家都在慢慢地适应崭新的环境，学着北京城市居民的样子生活。

35. 我上了和平里三小、五小

我该上学了。去家门前的和平里第一小学看看，就在马路对面。操场很大，紧邻着硕大的原煤加工厂，要沿着窄窄的胡同走几百米，南边开阔了，看到三层教学楼的正面，楼南边还有一个小操场，条件很好，几个小同伴也准备报名。妈妈领我去了，我的生日是10月2日，学校不要，叫我明年再来。我不想等明年，就和妈妈去了更远些的和平里三小（现在和平里医院对面，兴化路西侧）。去三小的路上要穿过许多坑坑洼洼的水塘和沟渠，在一片山岗上有个很整齐精致的小院子，都是平房，绿色的门窗，灰墙灰瓦。校长态度和蔼，让我数100个数，数完就收了我。妈妈在服务站快速给我做了一个书包，是她做外罩剩的下脚料，深蓝色带着白点，因为家里一向很节俭，很少买东西，超过一块钱的都要父母两人商量决定。

第二天我背上书包自己去上学。去学校的路上没有什么特殊标志，只是从家向北走，遇到一个碉堡（傅作义时期修的，后来拆了）就向西走，再看到另一个碉堡向北就到了。路上有农田，也有荒地，臭水坑，烂泥塘，高高的山岗、树林，几户农家小院，只有一小段马路，剩下都是土路。学生还好，比较整齐，看穿戴农村学生一半，干部子弟也有一半，主要是劳动部、林业部、煤炭部、化工部几大部委的孩子。附近有建筑设计院和化工部宿舍区、标准计量局。最远的有住在蒋宅口前后花园，安定门城墙根的。

刚刚开学老师就指定了班长，叫李莉，每节课都由她先喊起立，放学后，她邀我们去她家玩儿，我顺路也随大家去看看。她家住东边一大片水洼旁边，现在叫青年沟。有几排低矮紧凑的宿舍，她家很小，也没什么摆设。李莉人很活泼开朗，皮肤黑黑的，小鼻子小眼睛小嘴巴，后来我们都当了班干部，她降为小队长，因为她学习一般。学校还没有电铃，值班老师用手拿着一个长把儿铃铛，在所有教室前经过，不停地摇。有时漏了几班，那几个班就不知道下课，听到外面的吵闹声，大家坐不住了就喊老师下课，后来老师怕误时，叫同学每组轮换带闹钟，放在讲台上，于是大家看到了形形色色的钟表。门前空间很小，女生跳皮筋儿、踢包儿，男生扔包、夹包，再大一点就单腿撞拐子，实在无聊就互相打闹着玩儿。二年级下学期时，校长突然来到教室，宣布我们班调整到和平里第五小学，还有几个班，大家都很振奋，我们居然不知道旁边还有一所新盖的学校！

和平里五小（如今与三小合并）紧邻三小的西墙，是一座工字形建筑，开学不久在建筑科学院礼堂召开全校师生大会，举行隆重的少先队入队仪式，大家学会了唱《中国少年先锋队队歌》：“我们新中国的儿童，我们新少年的先锋，团结起来继承着革命的父兄，不怕艰难不怕担子重，为了新中国的革命而奋斗，学习伟大的领袖毛泽东。毛泽东新中国的太阳改变了革命的方向，黑暗势力已在全中国扫荡，红旗招展前途无限量，为了新中国的建设而奋斗，战斗战斗到明天，跟着共产党（此歌自 1949—1978 年有多个版本）。”还有大段的史诗般的诗歌朗诵表演节目，我们知道了红领巾是国旗的一角，是用成千上万革命烈士的鲜血染红的。我们今天戴上红领巾，明天就要接过革命的红旗，跟着党走，做革命事业的接班人。

36. 物资匮乏，生活节俭

妈妈开始带我去买东西，慢慢地就让我自己去。我经常在家后面的服务站买，那是几个部委机关联合办的，月初到粮站领粮票，有定量，每月每人 20 斤白面票，其他随便，大米都叫南米，一毛六，又柴又散，不好吃也不限量，白面都是标准粉，不黑也不白，铁打的一毛八分四，二两豆油；过节才给一斤富强粉、一斤小站大米，一两香油（每人）。我一次可以背 10 斤粮食。

买菜在蔬菜店，黑板上有价，店员给选称，到副食店打酱油，一毛钱一斤，还有大粒盐。入冬时妈妈自己腌一小缸酸菜、一小坛蒙古咸菜。我在食堂打饭只吃普通菜，实在馋了才跟妈妈商量买一碗牛羊肉。最困难的是妈妈生病时，需要补充营养，凭医院证明可以买几块排骨，每日配给半磅牛奶，送奶员放在楼门口的信箱里，我有时打开喝一小口，再把瓶口盖上。真香啊！

平时买鸡蛋、牙膏、肥皂、点心要用本，肉要票，鱼不要票，很贵。至于街头卖的小吃零食水果都只是看看，很少主动提出要。给爸爸做补养的点心放在高高的柜子上，我要搬来一个大板凳，再加一个小板凳才能够到，每次偷偷吃一点，在有缺口的地方下手，不易被发现。连芝麻酱也放在那里，我给弟弟巴义尔吃一点，他见到妈妈、姐姐就兴奋地说“我吃鸡毛酱了”。中午饭和车票也要精打细算，坐电车月票每月 2 元。中午饭先后换了出版社食堂、化工部服务站、劳动部服务站吃，总算省了月票钱。吃的方面我也不多想，只是在学习上争先，和朋友玩儿开心。三四年级期间脚长得很快，旧的球鞋顶了脚也不给买大的，害的我几个脚趾头都挤在一起，一个大头细脖，一个尖头粗脖，下一个又是大头细脖，脚背挤得高高地弓起，我脚背又高，脚掌又低，穿上球鞋脚趾处空空的。倒是这样的脚掌让我具备了日行百里的能力，后来在“大串联”时显露身手了。

三年经济困难（1959—1961 年全国遭受自然灾害，粮食减产，经济极度困难）时期，北京也遇到了前所未有的困难，汽车缺少汽油，顶着一个个大气囊，路上净是抛锚的车，物资紧张，物价飞涨，什么都要票儿，商店里什么都有，就是不卖给你。当然还有允许卖的高价点心，六七块钱一斤，放几个月都没人买，看着挺诱人的。黑市上鸡蛋 4 块钱一个（按这个价格，我父亲的工资只能买 22 个鸡蛋），机关食堂白面减量，大部分是粗粮杂粮，混着各种面糠麸皮，比如豆面，土黄色、粘粘的噎人，白薯面，油黑油黑的，还牙碜，杂面土灰色，发苦。像我爸爸这样的知识分子是脑力劳动者，缺少营养，腿都肿了，机关给补助了几斤胡萝卜，存放在床下大盆里，还在食堂熬小球藻汤，黑乎乎的，还是不如肉好吃。我们小学生也每人发了一斤鸡蛋，有人 6 个也有七八个的，我得到的是 6 个。回到学校他们说 6 个的有双黄蛋，我赶紧告诉妈妈，她挑了一个最大的，打开一看果然是双黄蛋。听说二区粮店卖白薯，一斤粮票给 6 斤，全和平里的居民都去排队，他们看人多没敢卖，后来叫了警察给维持秩序，我和妈妈排了两天队才买到。

1963 年以后经济逐步好转，前面荒芜的煤场和露天仓库开始盖楼，我第一次看到这样盖楼：搭了长长的脚手架，之字形爬升，用小推车从斜坡向上推砖，楼上全是人，一块一块地砌砖，一座楼要盖两年。五小前边也盖了新房子，高高的，尽管四周都是垃圾，一排房，居然是个学校：和平里七小。我家后面又盖了许多楼房，和平里已经有 13 个区了，曾经的坑洼水库山岗都被新的建筑覆盖了。

一天爸爸回来的很晚，我以为他又是加班了。门开了，爸爸背回一个熊猫牌电子管收音机，6 灯的，这是名牌，154 元，要票的；妈妈又买了一台西湖牌缝纫机，130 元，不要票的。一下子添了两大件，我从来没看到爸爸妈妈如此兴奋。原来爸爸得了稿费，一直悄悄地存着，直到攒够了钱才实现了多年的愿望。妈妈也不在服务站干了，觉得太累，不如在家学习用缝纫机慢慢做点活，也能挣点零花钱，将来也是个门路。我觉得家里生活质量大大提高，还订了《广播节目报》，有好节目就事先画上，爸爸爱听相声、广东音乐，我爱听少年儿童节目，有时也听苏联台，叫作《中苏友好节目》，听着他们说着不太标准的华语，他们的视角与我们不同，但可以听到许多国际新闻，开阔视野。中苏论战开始后就不准收听了，但是他们信号强劲，无法屏蔽，大家也会偷偷听一会儿。

和平里七区 5、6 号楼的居民自发组织起来，每到周日上午，各家都要用水冲洗水泥地面，然后从四楼往下冲洗楼道，家家都是干干净净的，学校也给我们下达任务，叫作爱国卫生运动，除四害，包括苍蝇、蚊子、老鼠、麻雀。每人都要打死 100 只苍蝇，完成后上报。社会上各行各业都在学习五大员（售货员、炊事员、服务员、理发员、售票员），学雷锋，人人争做好事，为人民服务，除四害讲卫生，北京成为全国的样板。

37. 第一次见到毛主席・姐弟俩同在游行队伍里

1963 年下学期刚刚开学，老师就郑重通知，我们班 6 名同学参加国庆观礼活动，能见到伟大领袖毛主席啦。以往每年国庆都有游行和阅兵式，我就让爸爸带着我去看，到交道口就没车了，剩下的路自己走，到处都是游行队伍在向天安门广场集结，锣鼓喧天红旗招展，可惜到了王府井就不能前进了。而我这次可以完完整整看到国庆游行全过程，更重要的是能够见到伟大领袖毛主席，这是亿万中国人民的美好愿望，而我可以马上实现了！

在地坛体育场彩排了几次，怎么摇花，怎么站队，还要自己动手做花，练了几次，大家就知道了。国庆前的夜晚，激动得没睡多少，一点钟起床，穿上白衬衫蓝裤子，系上红领巾，带上花束就出发了。凌晨两点半在地坛体育场集合，三点出发，路过安定门、交道口、大佛寺，向西向南到北河沿大街集合，到那里已经五点半。这里全是少先队员，大家群情振奋，歌声此起彼伏，鼓乐号角声不绝于耳。接着再出发，过南池子进入东长安街，再向西进入天安门广场。大家严守纪律，都停止了喧闹，静静地按照指定顺序站在自己的位置。我是第 11 位，在国旗下军乐队稍偏东，每一块方砖站一个人，中间有一个红油漆的圆点，每人间距 1 米，可以清清楚楚看到大街上的活动。天安门居中，上面挂着鲜红的大灯笼，共 8 个，时间到七点半，城楼上面还没有人活动。所有动作都是哑语，或前后方轻轻传递，大家都坐在地上，默不作声。以往跟爸爸去看国庆活动，从安定门开始人就越来越多，各路游行队伍都要集中在东长安街，安定门到王府井是所有游行队伍汇集之处，红旗彩旗，中式锣鼓，最大的鼓直径有两米，连唱戏的锣鼓也上阵了，十面锣，腰鼓，也有西洋乐队，大号，小号，中低音号，黑管萨克斯在阳光下闪着金光。身体强壮的男人肩扛着十几米宽的标语牌、巨幅图片，还有花车在慢慢行进，生怕撞了别人。高音喇叭解说员不停地报道实况，各种声音交织在一起，把人们的热情不断升高。整个天安门广场大概有上万名少先队员，我们像军人一样严守纪律服从命令。九点多，城楼上开始有人们走动了，看不清是谁。九点半，鸣礼炮，军乐队奏国歌，北京市委书记兼市长彭真主持会议并讲话，他大声说："群众游行现在开始！"在广场东侧一字站齐的总仪仗队是由各民族代表和各行各业先进集体先进个人组成的方队，簇拥着巨大的国徽，通过天安门广场。我们开始摇花，每人两束，在城楼上看到的广场花海分别显示"庆祝国庆""1949—1963"。我姐姐也在这个仪仗队伍中，她那时候是大学生队伍了。接着是少先队大队。在嘹亮的铜号声中，走过来队旗方队，都是红色的绸缎黄色的边穗；大鼓方队，每人两个锤把儿，两面打，我心里也跟着学鼓点；大钹方队；小钹方队；小号方队，嘹亮高亢，悦耳动听；高中低军鼓方队，然后是手持花束的少先队员。他们用幼稚的童声整齐地呼喊着："毛主席万岁，共产党万岁，万岁万岁万岁！"令我们热血沸腾。工人队伍来了，各行各业的工人身着不同工装，手持工具，纪律严明，气宇轩昂，还伴着彩车，大型标语牌；农民队伍，头上裹着白毛巾，戴着草帽儿手持镰刀，还有表示丰收的粮食蔬菜瓜果模型；之后文艺大军，彩车上演员翩翩起舞，做出各种造型，下面也是不同风格的表演队伍，载歌载舞；后面是体育大军，横幅是毛主席题词"发展体育运动增强人民体质"，大旗方队，后面依次是田径、游泳、足球、篮球、举重摔跤各个项目的方队；接着是首都民兵师，轻重机关枪、步枪、自动枪、掷弹筒、步话机、迫击炮、高射炮，各种装备一应俱全，步伐整齐，神态威武。以往都是阅兵式，检阅的是人民解放军，现在改成了民兵。最后是普通群众游行，由各个系统，单位学校工厂，打着本单位的大旗，举着各种标语牌，模型造型，高声呼喊着：中华人民共和国万岁，世界人民大团结万岁，毛主席万岁万岁万万岁！

游行结束，少先队员涌向天安门。不是往前跑而是有节奏地匀速慢慢向前移动，大家一边摇着手中的花，一边高喊着毛主席万岁，缓缓到达金水桥边，那里站着警卫标兵，就不能继续向前走了。大家都伸着脖子向城楼上张望，有三位领导同志，可以分辨出是毛主席、刘少奇、朱德三位领导人先走到城楼西南角向西边的同学挥手致意，然后再走向城楼东南角向东边的同学致意，最后只剩下毛主席，还单独再次向大家挥手。大家激动得拼命呼喊，到最后也没有章法了，后面的继续向前挤，前边的又被标兵拦住不能前进，后来大有冲过去的劲头，局面近于失控，又被从天安门城楼里冲出来增援的卫兵拦住。

38. 中央民族学院附中第一名录取了我，学号 1 号

就要小学毕业了，大家忙着填报志愿。北京的学校很多，而大家的消息都不很灵通，学习好的不用担心，成绩好总是有人要的。我报了清华附中、男一中、中央民族学院附中。爸爸一看不行，把三个志愿倒过来：中央民族学院附中、男一中、清华附中。我只想考清华附中，爸爸却说了一大堆民院附中的好处：能住校、伙食好、同一系统、高考可以报母校，稳妥。无奈，只得听爸爸的。

我猜得没错，中央民族学院附中第一名录取了我，学号为 1 号，这年是 1964 年。没发录取通知时姐姐就知道了，她是附中的保送生，在这里比家里还熟，几乎全校的师生都认识她。姐姐从这里毕业被保送到中央民族学院，我又来到了这里。我那天还带了红领巾和两道杠，表明我的“级别”，实际上他们心里都有数。

开学前两天住宿生要进校，我分配的宿舍在操场西侧，一连串低矮的房子，南侧有高高的一排厢房，那是高中生住的。我们与他们相邻，屋子不太亮，门窗朝东，屋里只有一个同学小白，胖乎乎的，算不上白，眼睛黑亮黑亮，初二班的。他很热情地帮我领住宿用品，一个书桌兼衣柜，特别沉重，我们抬着气喘吁吁；床很简单，两把长凳一块门板，他们叫板床，没有任何遮拦，不小心会塌掉。我把行李打开，一个包行李的旧线毯当了床垫，还有褥子、床单、被子、枕头，几件衣服放在桌下的衣柜里，上格可以放些书本和杂物，两截都可以上锁。大食堂很好，洋溢着肉香，餐厅窗口放着一堆名牌链，我的名牌已经拴上了，是用红油漆写的。找到后可以领饭菜，每桌一盆蒸米饭，一盆大炖菜，每桌 8 个人，自带餐具，站着吃，蒸米饭要用一根竹筷划成 8 份，每人 1 份，大炖菜大家随便吃，互相谦让，量力而行，开饭也要等人齐了才开。我这桌女生多，高中的多，是姐姐安排的，让她们多照顾我，所以我可以多吃点，有肉也让给我，多了一大堆姐姐，还蛮不错的。包子很大肉很多，每人两个，如果不够可以到伙食科买加量票，吃馒头时要搭配窝头，一般剩下的都是窝头。一张票可以买一个大包子或半碗米饭，我看到有人吃面条还有荷包蛋，就问她们，她们笑着回答那是病号饭，生病后要由医务室开证明才有，啊！真想生一次病尝尝那诱

人的面条和荷包蛋。每月伙食费10元，除了早饭基本上顿顿有肉，粗粮很少，星期天节假日吃得更好些，学生也享受到国家对边疆少数民族的政策补贴了。

开学典礼在学校大礼堂举行。前台也很漂亮，有厚重的幕布，宽宽的讲台，同学们坐在长凳上，每个长凳坐两人。校长说：我们学校历史悠久，以前叫蒙藏学校，其目的是为了培养边疆蒙古族藏族少数民族青年，学习文化科学知识，加强民族团结，巩固祖国边防，新中国成立后改为现在的校名。我们学校培养了许多少数民族人才，科学家，各级领导干部，有很多校友在老革命家引导下参与各个时期的革命活动。全校305人，9个班，从初一到高三都有，高考可以报考本校母校中央民族学院，可以优先录取，希望大家珍惜这样的学习机会，刻苦学习，尊敬师长，做革命事业的接班人。

刚刚开学不久，又来了一个我的表妹，我姑姑的女儿，她也是学习委员，叫任志华，我经常去她家玩儿，回学校就和她一起回来。

39. 丰富多彩的附中校园生活

在班里，我的成绩是一枝独秀，阿荣紧随，每次公布成绩，她都是直勾勾的看着老师，常常是数学语文同为100分，英语地理历史成绩又拉开了，她就低下了头。班里人都看着跟她一起着急，因为只有她的成绩紧跟着我，别人都没戏。但在平时，我们又是球友，打得很开心，暗中较劲。有个四川阿坝的藏族女生华玉芹，没事找我聊天，另外几个女生不太搭理她，华玉芹说她爸要她嫁给一个老男人，不让她继续读书，我也很同情，给她出主意，后来她总哭，说个没完，我想我还小，如果再大些我可以娶她，尽管她长得并不动人。

每天下午后两节课自习，走读的回家，我就去图书馆。学校藏书两万册，有看不完的好书，我读了凡尔纳的《海底两万里》《神秘岛》《地心游记》《八十天环游地球》，开阔了视野，觉得世界太大了，还有许多解放战争时的回忆录，《平原枪声》《敌后武工队》《战火中的青春》《青春之歌》等长篇小说，令人鼓舞向上。学习上并没有投入很多精力，代数课有难度，但很快领会，自习时大家做作业，老师很少来，我负责课堂纪律，有求必应，都能解决。英语也是我的强项，马老师是归国华侨，课讲得很好，我每次考试不是100就是99分。语文更不费力，作文也是我的特长，历史地理我都喜欢，门门优秀，只有体育差些。

小白同学自己安装了一台矿石收音机，我问好装吗？要多少钱？他说3块钱就够了，一个耳机，可变电容器，三极管，线圈，钉个木头盒就成，我找人给你焊上一个。我就回家跟妈妈要钱，于是我们几个都装上了，可以收听中央台，北京台，知道一些时事新闻。街上不远就有一个高音喇叭，整天播的都是新华社评论。即兴编的歌曲人人会唱，什么要古巴不要美国佬，七·二六颂歌，我们大家一起来保卫古巴革命；越南中国山连山水连水，同志加兄弟；亚非拉人民要解放，反美怒火高万丈。再不能忍受压迫当奴隶，反美的烈火越烧越旺越烧越旺，人们的爱国热情和对敌人的仇恨，不断地被引燃，激发，持续，升温，每个人的思维已经从小时的自我超脱，融合成更大的自我，那就是凝集在一起的家仇国恨，大家都朝着共同的目标前进，奋斗，个人的、少数人的牺牲算不了什么，整个大的群体获得了幸福，获得了新生。所有人都不会忘记刚刚成立的新中国，经过了近百年的奋斗，近千万人的牺牲，为了保卫革命成果，让革命江山代代相传，每个人都做好了战斗牺牲的准备。毛主席说过，帝国主义和一切反动派都是纸老虎，全民皆兵，兵民是胜利之本。我们虽小，受时事新闻鼓舞，但也时刻准备着，一声号令就可以拿起武器上前线杀敌立功。

民族出版社搬迁到和平里，二排右四穿蒙古袍者为乌恩。1958 年

民族出版社幼儿园的孩子们国庆时游览天安门。1957 年

民族出版社幼儿园在国子监时期，后面穿海军服的是乌恩。1957 年

民族出版社幼儿园，左边扮演老头的是乌恩。1956 年

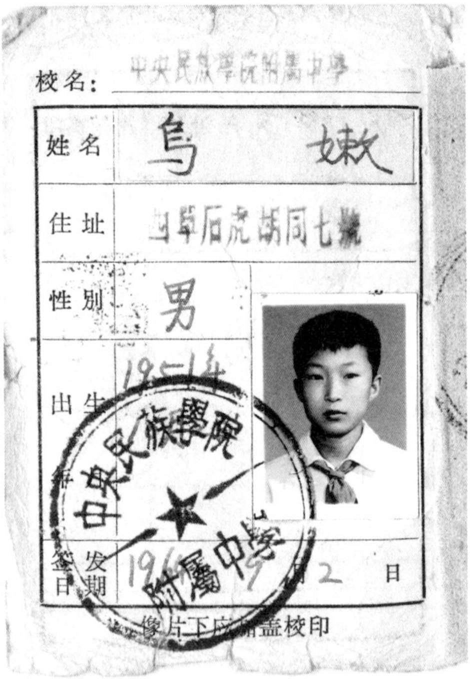
校名：中央民族學院附屬中學
姓名
住址 西单石虎胡同七號
性别 男
出生年月
签发日期 日
像片下应加盖校印
中央民族學院附屬中學

乌恩的中央民族学院附中学生证。1964 年　乌恩在天安门广场留影。1966 年

和平里西街路口的七区 5、6 号楼被称为“民族楼、民族院”。2020 年

20 世纪 50 年代公共家具上的标志牌。

北京市购货券。1962 年

北京市购货券。1971 年

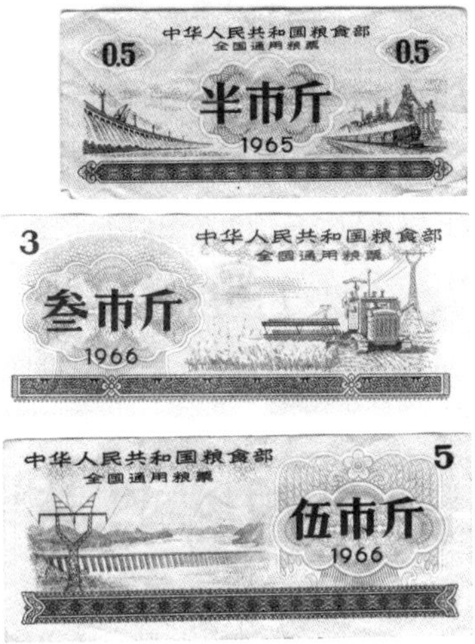

全国通用粮票是硬通货。1993 年全国停止使用各种票证。

北京市的米面粮票，先前不分米面。

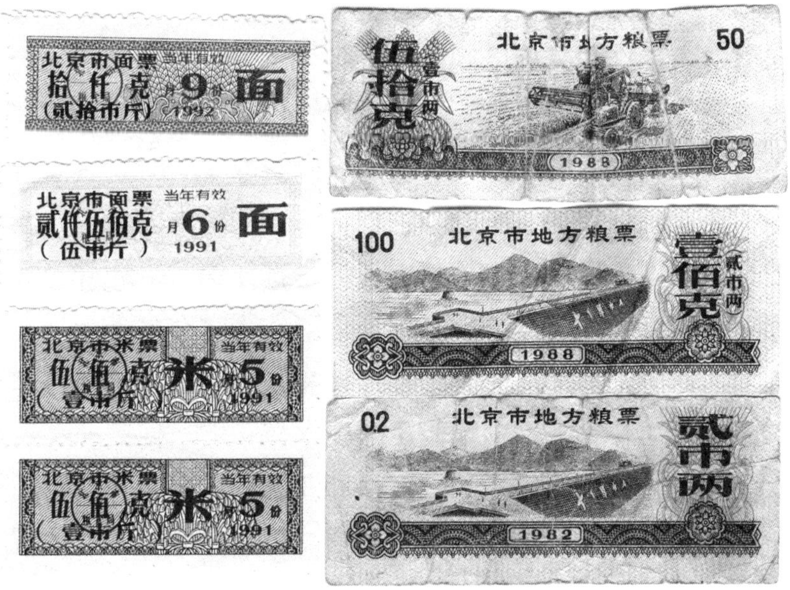

七　一个摄影者眼中的和平之里

我学习摄影的最初几年经常在和平里周边拍着玩，这些随意拍摄的照片如今成为珍贵的视觉记忆。在民族文化单位的工作让我逐步理解了国家、民族、时代、变化、发展、历史、记忆这些词汇，当它们组合之后，关于和平里的一页页画面就显现了。

40. 出生地填“妇产科”·“故乡”成为复合概念

和平里这个地名很新，不像老北京那些古老地名，什么楼、门、斜街啊，什么桥，什么营，什么坟，什么胡同，等等，总之一切是明亮的、新颖的。人的出生就是源头，以后就是跟着时间走的流水账了。但是这个流水账是可以有内容的，在这里出生的人也自带着“和平”的美好基因，是与时代变化同步的，犹如大海边一片小小的贝壳在反光，每个人、每个家庭都是那些小小的反光点，伟人则是海边矗立的灯塔。大海则是时间巨浪，经得住它的浪淘冲刷，就会留在史册。

一般来讲，人们会把出生地视为故乡。“故乡”这个词是会牵动心弦的，轻者动情，重者落泪。一个特殊性在于，和平里出生的人很可能在某个省市自治区的一角有着花草和泥土、山川和大海的故乡。这一点在维护民族文化的纽带方面至关重要。如今大城市里出生的人们或多或少面临着“故乡的迷茫”，“故乡”一词就得按“出生地是哪里、原籍老家是哪里”的顺序来阐明。

有个人填表时“出生地”一栏就写了“妇产医院”，戏言。不过我还真是妇产科里出生的人。这和我们已知的游牧环境下、乡村环境下比如在自己家的炕上出生啊，在蒙古包里出生啊，萨满（能够接生的女萨满叫“渥都甘”）接生啊……是一个完全不同的世界了，所以说到“故乡”时就有点含糊，尤其是城市变化很大，儿时玩耍、熟悉的街道们、房子们消失的消失，改造的改造，有些存着名称和路牌，有些则整个胡同连名字都取消了。还好，我生活、工作的地方自 1952 年起名和平里至今 70 年了，依然矗立在多条街道上，以路牌、楼号的形式向人们诉说着历史。另一方面，在我父辈的来源地科尔沁草原，我也“有幸”体验了十几年，这个体验是“生存型”的。回到北京工作后，职业又和草原产生了更为密切的关系，把草原和北京串联起来之后对两头都有了新的认知，是“工作 + 生活型”。于是，北京、草原 + 父辈、我辈就续接起来，把两处故乡融合到一个大概念里，成为“双故乡”，两代人的工作聚焦在“民族文化主题”之内，同时成为“和平里”大概念里的一个微型元素。

和平里诞生的那个时期每年都有阅兵式，1949—1959年总共举行了11次国庆阅兵式，之后是国庆游行，规模仍然很大，数十万人集中在天安门广场、长安街，何等的壮观和令人兴奋！我姐姐、我哥哥也多次参加过国庆活动，见到了毛主席。那都是非常优秀的学生才能去，百里挑一，是他们品学兼优的明证，是终生难忘的无比美好的时刻。

我供职的《民族画报》也多次报道了国庆阅兵式。2007年我出版了《永远的骑兵》（民族出版社），弥补了一点没能当兵入伍的遗憾，其中就写了内蒙古骑兵参加国庆阅兵的故事。总之，国庆节在国人心目当中，尤其是对北京人来讲那是兴奋不已的一件大事。

我是1957年9月30日夜里出生的，第二天是国庆节，举国欢庆。我的四爷爷李青龙（蒙古名祐和陸）当时在中央民族学院附中任教，那些天他正好在我们家住，他说：“既然出生在国家的喜庆日子里，举国欢喜，那就叫巴义尔吧”（蒙古语意为高兴、喜悦、快乐）。所以，我有着一个非常美好的开端。由于我的父母工作在和平里的民族出版社，我有幸成为和平里的一员。

那时候的民族出版社办公室里有一头沉或者两头沉的实木办公桌、网状铁皮或竹编外壳的暖瓶、一个脸盆和木制的脸盆架，几把木头椅子。一两本词典、一摞稿子、一个搪瓷茶缸、加上眼镜和烟缸等，桌子、窗户玻璃都擦得干干净净，桌子上有玻璃板，底下压着主人喜欢的照片、小画片，或许还有一张年历，几个小纸条上面写着马上要办的事情或什么人的名字电话之类的，还有墨水瓶和蘸水钢笔，是那种简易笔杆上可以换装笔尖的，因为自带墨水胆的钢笔已经算高级物品了。这些玻璃板、蘸水钢笔之类的东西，在我1979年进入民族画报社工作时仍然是各办公室的标配。

我父亲做的工作非常重要。他是民族出版社创社元老，从中央民委参事室转来，翻译马恩列斯毛泽东著作，党和国家重要文件、重大会议文件，在蒙古文编译室里他是少数几位能够终审的人。为了万无一失，他还要到民族印刷厂去看着工人们捡字排版，确认无误后才能开机印刷。漏掉一个点，整个字的意思就变了。那时候讲究奉献、集体劳动、集体荣誉，所以重要的著作后面都不署个人名，只有少量的辅助读物上才署名。我存着当时的几本书籍，版权页上在翻译者之后写着“博彦达赉校订”，实际上就是终审。我的手头只存有少量的几本书，后来我专门到民族出版社的书库里去看了，很幸运，他们做过的书籍都在。倘若有人研究一下，会成为新中国翻译、编辑、出版史的重要一页。

41. 等着要人家新烤的热馕 •7 岁独自坐无轨电车玩

我的成长沐浴在阳光里，那是一个激情燃烧的岁月。经常能看到电影，家里有电子管收音机，住单元房，有集中供暖，有煤气灶（那时候九成以上的北京人靠烧煤做饭、取暖），卫生间里可以洗澡，门口百米内就有照相馆、副食店、小吃店、无轨电车站以及学校。下雨时我们光着脚踩泥巴玩，看着泥巴从脚趾缝里挤出来像面条时开心极了。民族出版社有自办的幼儿园，我哥哥、我都在这里长大至上学。偶尔还坐着紫色的大客车到过军事博物馆、民族文化宫。

家里南面有阳台的那个大屋子是我们平时玩儿的活动室，有一个三屉桌，我们仨一人一个，全部家当就是一点小玩具，哥姐的是一点文具。家里干干净净的，水泥地天天擦得锃亮，家具都是公家的，一个碗柜，一个方形的饭桌，一个大床，两个单人床，几把椅子，都是从公家租来的家具，每月都要从工资里扣折旧费，所有的家具都订着黑色或红色的小铁牌，上面有单位名称和编号，表明是公家财产。写个申请，需要一个桌子或床，领导一批准，拿走。所以五六十年代北京没有几个家具店，能做家具的叫木器厂。

布棉鞋、布棉袄（棉猴儿）是北京普通人家孩子的穿着。这方面我姐体会特别多，她作为学生代表参加过多次国庆大阅兵，穿过少量的新衣服，小的时候经常穿旧衣服。她去慰问志愿军伤员时有照片，穿着硕大的四个兜儿的中山装，显然是爸爸的。有一件花衣服是她穿过的，给了我哥，我哥穿小了给我。我们穿的衣服有的是妈妈给做，也有买的。有一套海军服是最爱，那是我哥哥穿过的，他穿小了给我。家里的很多照片都有故事。民族画报社当时是民族出版社的一个编辑室，内部也叫画刊室，有着世界上最好的相机和进口感光材料，为了采访工作方便对外叫社，版权页上印着民族画报社。大家在一个楼里办公，都是兄弟文室，互相都认识，所以我们的部分照片来自这里。1957 年我姐姐还成为《民族画报》征订海报的形象代言，没想到22年后我也踏入这个画报的门槛。

我还喜欢枪炮啊这些男孩玩的东西，但到底也没机会当兵。小时候喜欢玩打仗游戏是跟电影里学的，看完电影回头就得打啊，没有玩具枪，完全买不起，那都是很奢侈的东西。那就自己做，用那些木头边角料抠抠削削，或者是纸叠的，反正有个手枪模样就算。还有军官证，就是找一个小硬纸片，剪成长方形，歪歪扭扭地写上名字，几岁，一年级，几班。一年级你当什么军官？那不管。然后写上住址是几门几号，反正知道的就是这么点信息。自己任命个什么排长、连长，几个人一起玩，楼房里晚上有灯，但是也很昏暗，有亮有暗，自然形成了“隐蔽性”，就在黑咕隆咚的楼道里面跑啊，藏啊，乐此不疲。还做一个特别好玩的东西，现在都找不到那种材料了：我妈有缝纫机，那个缝纫线的芯儿是木头做的杠铃般的圆柱形，线用完了木头芯儿就不要了，像个车轱辘，我们在里面装上皮筋儿当发条，拧几下放地上，依着惯性它就自己走了。为了增加它走的难度，在两边轮子上用刀刻成锯齿形的，走起来就慢了。枪炮的情结到了农村就变成了弹弓；在牧区就成为打围（打猎）的布鲁（打兔子的弯形木棒）、鱼叉、鱼钩、鱼罩、铁闸（夹猎物的腿）等等。

家门口的马路对面在建设中，有大量的砖垛，就是现在地铁5号线东南角出口的方向，现在有和平里照相馆、新华书店，还有和平里一小、文化部系统的宿舍等。我们就在那些砖垛里藏猫猫，把几块砖拿出来，人坐进去，高喊“我藏好了”。有一次睡着了，醒来已经天黑，也没人找我，只好自己回家了。还有时候找不到伙伴了，家里人一喊就回去了，也不管藏着的那位了。

那时候假日就去北京的几大公园，到北海公园划船是最奢侈的一个事了，因为租船就很贵。小孩子天生就喜欢水，我就记得光着脚，坐在船边上，脚可以在水里边随着船走，划出浪花水柱来，凉爽无比，那是最开心的时候。后来我学摄影之后就老去公园拍划船，看到船我就下意识地被吸引过去了，开始是木船，后来是铁皮船，从人工划桨到脚蹬的，总是不断变化。潜意识里觉得划船是那个时代美好生活的一个标志，常听的歌就是《让我们荡起双桨》，可以说刻骨铭心，听了眼前就浮现出童年的记忆，白衫、短裤、红领巾、小鸟、划船、歌声、天安门、博物馆、电影院、大汽车、小朋友……我觉得20世纪50年代的北京就是这样的。然后再看当时的书籍杂志，我现在存的《苏联》画报、《民族画报》、各种年画邮票里也都是这个调子，这个气氛，整个的精神世界都是这些内容。左一个建设成就，右一个胜利完成，这艘轮船下水了，那条铁路通车了，一会儿大楼盖成了，一会儿农场丰收了，人物的形象都是饱满的、乐观的、淳朴的、色彩鲜艳的，整天都是好人好事。

和平里的家给我的童年打开了一个阳光的大门，5、6号两个楼是多民族的，堪称“民族楼”，印象最深的就是吃馕。在有些单元门口，社里专门给维吾尔族人砌了馕坑，他们隔几天就烤一次馕，馕坑是公用的，只有维吾尔族人烤，别人不烤。馕是他们的主食，常态化。先在馕坑里面烧木头，看到冒蓝烟了，我们就知道要烤馕了，本来就在外边玩呢，立刻就围在馕坑附近不走了。不是想知道怎么做馕的，我们关心的是烤完了得给我掰一块呀，那么香的味道谁受得了？感觉人家应该给我们似的。烤出来后我们立刻围上去，主人给我们一人掰一块，刚烤出来那个香啊！现在也喜欢吃，闻着就香，这就是一个兴奋点。我哥哥形容它们是一个个“小碉堡”，真是绝妙。

烤馕的这个习惯带进北京来，往小了说自己喜欢吃，是温饱问题；往大了说坚持把这个事做起来，就是文化传承。当时，民族出版社食堂也烤馕，总觉得没有维吾尔族人家那种现场烤得有味道。食堂倒是经常做抓饭，每周一次，到那天吃饭的人就特多，现在也是这个传统。食堂也是一个大福利。民族出版社食堂曾经分回、汉两灶，现在已经完全是回灶了，就是纯清真。那个时候出版社是全额拨款单位，按照萨空了社长的观点，出书（刊）品种越多、发行量越大，成绩越大，而图书定价低于成本（照顾经济困难的民族读者）。食堂也不以盈利为目的。虽然很多单位有食堂，但是这里的食堂有文化意味，文化的传播影响力是巨大的，比如奶茶，开始是蒙古族、藏族人们喝；汉族同志刚喝不习惯，加糖，喝了几次觉得还是加盐好，再过几周，他们就在家自己熬着喝了。早先北京没有羊肉串，从新疆传过来后现在全国人民都喜欢吃。

同理，蒙古族在北京办那达慕，而且自 1981 年以来连续办了 40 届（详见《北京那达慕 40 年》画册），高层领导出席，各族群众联欢，射箭、搏克竞赛，歌舞美食诱人。此活动堪称北京的包容大度、民族文化移植成功的范例、城市文化的新花朵、民族政策的欢乐体现。中央民族大学是 56 个民族最全的地方，自然就带着丰富多彩的文化进来。有外国留学生说“这个大学太好玩了，三天两头过节”。

我们家所在的 6 号楼西边隔着一条马路有个国营的早点铺，也是现在和平里西街那条路，很窄的，就是现在和平里永安里大药房的位置。那里卖豆浆油条，家里就让我去，我五六岁，那时候没有什么小孩的安全问题，没这种担忧。油条好拿呀，用手拎着，豆浆可要了命了，拿一个盆，你一走，它就逛荡逛荡，不敢走了，洒一点那个心疼啊，半步半步地往前走，估计是没半个小时走不到家。所以现在我碰到豆浆油条还是喜欢吃，因为童年印象太深刻了。

民族出版社从国子监搬到了和平里，幼儿园也跟着搬了过来。当时调来的人都是各地的年轻人，各民族的人才呀，年轻人成家就有了孩子，所以要开办幼儿园。我哥哥、我都在这个幼儿园里长大，记得在幼儿园吃鱼时我会认真地把鱼刺挑出来还受到老师的表扬。1979 年我到民族画报社工作后，当年看护我们的阿姨马慧琴（回族）在民族出版社总编室工作，见到我就说：啊，都这么大啦，我带了你好几年呢！

我从幼儿园上了北京地坛小学，就是从我们家和平里七区 6 号楼往西走，大概两站地，现在的和平里医院对面，如今被楼群包围了。当时还可以坐公共汽车，但有时想玩，就不坐车。当时路边也有摆小摊的，卖小麻糖什么的，反正是很小的规模，挣个几分钱。我没买月票之前，就跟家里要 5 分钱，假装坐车，但实际上不坐车，走回来，钱省下来买糖吃，有一种“偷工减料”的成就感，这种动心思的事从小就喜欢干。后来家长就发现了，干脆给我买月票了。1964 年我第一次买月票时超级兴奋，学生票 2 元钱，就是说你坐多少次车都可以。结果呢，买完月票我自己直接从家门口就上了 104 路电车。上车以后走，不知道走到哪了，可能走到天安门了，下来，在周边看看，离车站不远，玩一会又上车了。到了终点北京站，玩一会又上车，坐几站再下来玩。回家的时候售票员发现了，问我：“小朋友你家在哪儿呢？”我实际上已经到家了，就冲着路北那楼一指，车停下来，这个售票员下来护送我过马路，一车人等着。那是买月票第一天，我就坐了个够，新鲜劲儿过去了才正常化。

从和平里到北京站的 104 路、到崇文门的 108 路，动物园到北京站的 103 路电车堪称经典路线。如果从北京站下火车游览一两天的话，基本上就在这几条路线之内了。1980 年姜昆、李文华说了个相声叫《我与乘客》，就是说和平里到北京站的 104 路大无轨。相声里的俏皮话“猪肉炖粉条子可劲儿造”“你也就是高山点灯——那一疙瘩亮”“被窝里伸脚丫子——你算第几把手？”都成为流行语。

那时公共汽车还有一种拖斗车，长安街那条线就有，就是前面一个车，后边还拖着一个车厢，没有发动机，中间有一个连杆儿，两边有护栏保安全，容量就大了。小时候我每次必须要坐后面的车，好玩。

当时没有电视，有电子管的收音机，大木头壳，喇叭也很大，收音机上有白色的键盘，一开机先亮个绿色的灯，渐渐亮了就有声音了。听相声，听新闻，听音乐，那也算是高档家用电器了。三年级以后我就能大概地看书了，当时我看的书有苏联科普类的《在你周围的事物》《征服大自然》，中国作家的作品《高玉宝》《箭杆河边》《包身工》等，还有爸妈给订的《讲故事》杂志，似懂非懂。

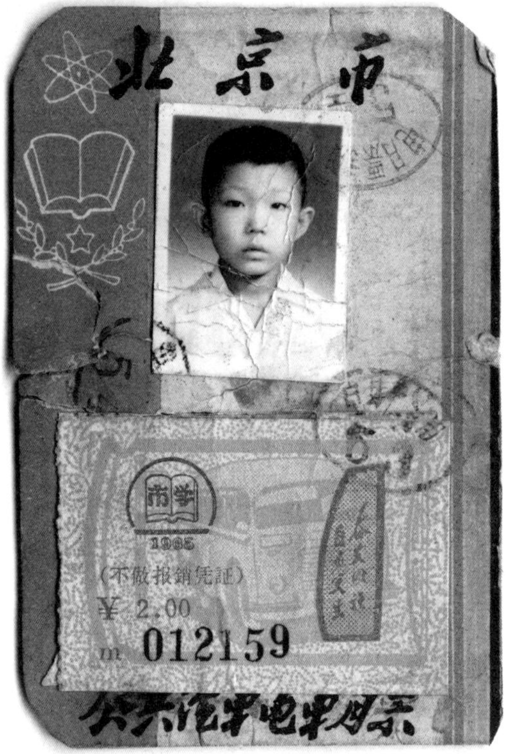

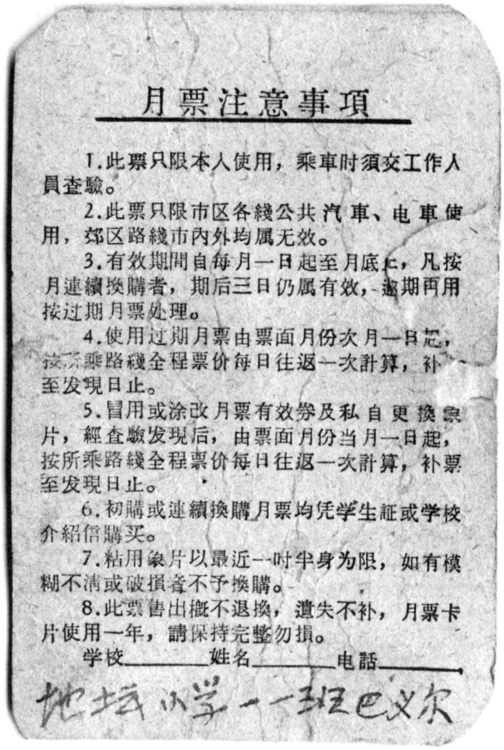

月票注意事項

1. 此票只限本人使用，乘車时須交工作人員查驗。

2. 此票只限市区各綫公共汽車、电車使用，郊区路綫市內外均屬无效。

3. 有效期間自每月一日起至月底止，凡按月連續換購者，期后三日仍屬有效，逾期再用按过期月票处理。

4. 使用过期月票由票面月份次月一日起，按所乘路綫全程票价每日往返一次計算，补至发現日止。

5. 冒用或涂改月票有效劵及私自更換象片，經查驗发現后，由票面月份当月一日起，按所乘路綫全程票价每日往返一次計算，补票至发現日止。

6. 初購或連續換購月票均凭学生証或学校介紹信購买。

7. 粘用象片以最近一吋半身为限，如有模糊不清或破損者不予換購。

8. 此票售出概不退換，遺失不补，月票卡片使用一年，請保持完整勿損。

学校________姓名________电話________

地坛小学一一班巴义尔

巴义尔上地坛小学时的月票。1965 年

巴义尔在民族画报社暗房冲洗胶卷。1982 年　在练习翻拍照片。1981 年

姐姐的花衣服大弟弟穿。1956 年

大弟弟再给小弟弟穿。1963 年

姐姐李玉明悉心照顾乌恩、巴义尔两个弟弟。1961 年

北京和平里

照相

票证时代的记忆是深刻的，那张小小的纸片就能决定人们的生活质量。20世纪60—70年代下饭馆，一是贵，二是要粮票。副食店里的点心也要凭粮票买，不要粮票的只有江米条等几种，但是价格高。人们买米面必须同时出示粮票和钱。出差外地的人必须拿全国通用粮票才能下饭馆或交给接待单位的食堂。后来粮票的概念开始横溢，如某项政策在单位里实行叫内部粮票、地方粮票，全系统、全社会实行的叫全国通用粮票。我1979年工作后有副食本、粮票、工业券等，粮食定量是30.5斤，已经足够了。有的家庭人口多，粮食不够吃，富裕的人家就给匀点。现在看到餐饮的浪费时就想，倘若定量供应就不会浪费了。当然此时定量是为了节俭，与彼时粮食不够吃而定量的作用不同。

我们家不富裕，甚至多年在温饱线间徘徊，但是注重文化生活，精神上是充实的。

42. 饭盆排队买豆腐 •“自选”代替“超级”• 和平里西街农贸市场

和平里中街有邮局、粮店、副食店，有副食本，买白酒、糖、油、芝麻酱之类的就写上，有几种限购的物品，定额供应。和平里中街副食品店门口卖豆腐，每人限两块，卖完为止。人们四五点就去排队，因为离开门还早，就让饭盆排队，主人去锻炼身体了。中街还有粮店，拿出粮票和钱，售货员用白铁皮的大搓子称好，往一个大漏斗里倒，你在底下用自家面袋子接着，噗一声，粉尘便弥漫在空中。

和平里中街那时候有一个延滨餐厅，就是现在中国银行的位置，人社部南门西侧。我经常去吃朝鲜冷面，那时候餐厅少，包间更少，大厅里大家随便坐，桌子挨得很近，说话声彼此相闻。有一次遇到中央乐团的青年作曲家，自然就聊起来。他说，你们的职业多好啊，拍摄了就能发表，我们写的曲子谁给你演奏啊？一个年轻作曲家调动几十上百人的乐队给你排练？不知熬到哪年才能冒尖。这句话第一次让我认识到摄影的优势。多年后，电台的一位同行朋友也说了类似的话：“你看咱们采访的是同一个活动，我们上午采访下午就播出了，但是什么也留不下来，而你们的照片都留下来了。”在这样的映衬中，我更加享受和坚信摄影的乐趣与力量。

和平里大酒店1994年建成，那个位置原来有个烤鸭店，还有公共澡堂，20世纪80年代我经常去洗澡。虽然工作了，但是住单身宿舍，卫生间和电视间都是公用的，宿舍是办公室的结构，没地方洗澡，冬天好点，夏天实在难忍，每天打来一盆水在宿舍里擦一把，熬几天后到澡堂去痛快地洗一次。劳动部（有一段时间叫国家劳动总局）也在中街，和平里商业大楼对面，现在人社部的西区，20 世纪 80 年代时还有一块牌子叫“国务院知青办”。和平里西街、和平街都有新华书店。几十年屹立在楼群里，宣示着书籍的力量。

还有和平里照相馆，它曾经在副食店里（现在东单菜市场那条南北向的副食店），后来单设出来，现在地铁 5 号线和平西街站的东南角。那里的老师傅在这儿拍了几十年，各民族的小孩看长相就能看出来。

现在的东单菜市场（因开发王府井从东单移来）在喜马拉雅宾馆那一条街，以前还有一个和平里信托商店，我经常去淘点旧货，有一些外国人回国前卖掉的家具、小摆件之类，还有一些孩子们把先人的物品当了，倘若那时有钱有眼光就能淘到好东西。那些位置，过去就是洼下去的一个大坑、大沟，后来有国营的和平里副食商店，习称“大副食”，因为中街的副食店小，人们买肉时说“给我称五毛钱的，肥瘦两来”。早点铺也是国营的。

民族出版社门口也有副食店，算是临时建筑，在规划红线内，多少也堵了民族出版社的门口。传统的那种售货员在柜台里面，台面上摆着菜，你要什么他们就给称重计价。早先的秤是杆秤，后来是托盘天平式的，比较先进，现在都是精确的电子秤了。

20 世纪 80 年代要学习外国的“Super Market”，搞超级市场。和平里超级市场很快盖好了，带霓虹灯的大字“北京市和平里蔬菜超级市场”也装上了。第二天要开业，字却改了：超级改成“自选”。原来那时候对资本主义的东西多少还有些抵触，“超级”通常用在超级大国上，容易产生歧义，不能照搬外国的东西呀，就发明了这个词。以后很多年里自然就用“自选”这个词了，很贴切，如今超级市场也简化为“超市”了。和平里蔬菜自选市场 1983 年 1 月开业，是北京最早兴办的几个自选市场之一。开业时人们很好奇，东西都包成小包装，上面有价签，但是比以往卖得贵，而且，开业初期还丢失了一些。那时候学外面的东西时也尽量本土化。比如当年中国女排很火，看电视直播女排比赛时差不多是万人空巷，香港媒体说“三连霸”，等到真的第三次蝉联冠军时，第二天主流媒体的报道是“三连冠”，避讳那个“霸”字。因为超级、霸权这些词是中国人不喜欢的。现在，这个副食店被拆了，拓展成开阔的马路，亮出了民族出版社等三社的办公大楼门面，继续成为和平里十字路口醒目的地标建筑。

自选市场的出现是里程碑式的，它与和平里中街、西街的国营副食店，国营粮店等构成了市民主副食品的主要流通形式。要便宜的就去国营店排队；要快速体验的就到自选；要新鲜果蔬和其他店里没有的东西就到农贸市场。那时候副食限量供应、定量供应，菜果什么的算不上丰盛，也不太新鲜，但是够用。售货员都是国家职工，铁饭碗，说卖多少钱就卖多少钱，萝卜蔫了也照卖，卖什么你吃什么，卖完了就挂个纸壳子告知一下已售完。改革开放后，与它对应的就是农贸市场，这两种商业业态并存。政策放开后农民自己可以卖东西了，把自家的鸡蛋鸭蛋什么的拿来一二十个，前边立个纸牌“自产自销”，就算开张了。北京郊区的农民种点菜，蹬着三轮到城里来卖，马路两边搭个棚子，每个摊位收个五毛一块的管理费，进来先把这钱交了，卖什么就不管了，也不收税。路边摊成为国营副食商店的重要补充，我们那时候招待客人用的五香花生米就是在农贸市场买的，国营店没这东西。当然，农贸市场里比国营店贵点。在开放搞活这个意义上则贡献巨大，活鸡、活鱼、鲜菜水果、什么花盆、铁炉、旧家具杂七杂八的，反正有什么都可以到那儿卖去。如今和平里西街农贸市场的位置已经是宽阔的马路了，只有民族出版社的七区 6 号楼把守在路口东北角，依稀想到几十年前的模样。

20 世纪 80 年代招待朋友客人，从农贸市场买来五香花生米、黄瓜、西红柿，再加上副食店里买来的香肠，一拍一切就是四个菜，再排队打一壶散装啤酒就齐了。说到散啤酒，那可是一份散发着麦芽香味和微苦的记忆。

和平里的大副食旁边有个饭馆卖散啤酒，和平里烤鸭店也卖，条件都是搭菜。一升塑料杯的散啤酒 4 角钱，每人限购两升，8 角钱。但是最便宜的菜比如凉拌花生米也得两元多。尽管这样，人们在夏天还是提着暖瓶排队买。再后来供应跟上了，白标签的北京啤酒、五星啤酒也有了，但是比散装的贵点。炎热的夏天，人们甚至等不到把啤酒拿回家，就地一口干了。

农贸市场、地坛公园、和平里十字路口等，都是我初学摄影时经常拍照片的地方，原因是那个年代个人很少有照相机，有了也只是节假日拿出来拍个纪念照，不会跑到大街上对着陌生人和景物拍摄。只有报刊记者、研究者之类的人才会按照任务去拍。我在媒体工作，有着便利的摄影条件，又处在学习阶段，见什么都新鲜，也不成体系，拍多少算多少。另一方面，带着高级相机亮光闪闪太显眼，不好意思在众人面前拿出来，只好在公园、市场之类的地方拍。那里的人们关心物品的价格，没工夫搭理你的相机；公园里大家都很放松，也不在意旁边是否有相机，以为在给自家人拍照。所以很多早期照片拍的就是公园、市场、路口。如今看来，还是拍的少了，胆子小了，记录意识不强，仅存的一些图片也成为记录地区变迁的珍贵图景。

民族画报社的旁边曾经有一个出租车站，有北京吉普 212，车身漆是那种浅果绿，类似果皮箱的颜色，北京站到和平里约 4—5 元，已经很贵了。还有就是正三轮摩托，带棚，北京站到和平里 1.5 元，算是勉强能接受。想要打车自己来窗口问："有车吗？""去哪儿？""北京站。""没了，等会儿吧。"等得起就等，否则自己腿儿着去。没有扫街的，都是坐等生意。还有人力三轮车，记得 1979 年我姐姐从云南发来的一只木箱子到永定门火车站，拉回和平里三轮车要价 4 元。装上箱子，我再坐上三轮，车夫 50 岁上下，满头大汗，我心中不忍，几次劝他歇会儿再走。这是 1979—1980 年的价格，彼时我的工资是 38 元（行政 25 级，最低级）。同事里工农兵学员是 49.5 元，大学本科 56 元。

那时候附近有东四妇产医院、和平里医院，还有北新桥附近的北京市第六医院，那是民族出版社的指定医院。社里有医务室，有专职大夫，头疼脑热之类的拿点药就完事了，不必去医院。想看大病时从社里的医务室拿一个"三联单"去交给医院就行了，全程没有现金流通。

43. 文化气氛浓郁 • 名人大家荟萃

作曲家刘炽写的那首歌《让我们荡起双桨》，无论何时听到都会勾起无限的感慨，我在北海公园划船的时代正是刘炽先生、乔羽先生写此歌的时代，听着这样的歌曲长大，自然对歌曲的创作者充满敬意，采访他们更是幸运之事。刘炽先生就住和平里中国煤矿文工团院里，他作曲的电影《上甘岭》插曲《我的祖国》、电影《英雄儿女》主题歌《英雄赞歌》、电影《祖国的花朵》插曲《让我们荡起双桨》，以及歌曲《翻身道情》《新疆好》，组歌《祖国颂》、歌剧《阿诗玛》等都成为影响几代中国人的音乐经典。刘炽曾任辽宁省歌剧院副院长、中国煤矿文工团总团副团长。采访中得知他在延安时专门到伊克昭盟（今鄂尔多斯）采风，吸收了大量的蒙古民歌营养，这对他以后的创作影响非常大。词作家乔羽和作曲家徐沛东我也采访过，他俩写了《爱我中华》，是民族题材的经典之作。

20 世纪 80 年代喜欢听《太阳岛上》《潜海姑娘》《红楼梦》等音乐，我还采访过作曲家王立平（满族），他曾任中国电影乐团团长，全国人大常委、全国政协常委，中国音乐家协会副主席、中国音乐著作权协会主席。影视音乐

和平里中街副食店门口排队买豆腐，每人限买两块，人们让盆碗排队，自己晨练去了。 1981 年

和平里中街去买豆腐的女孩。1981 年

和平里出租车站。1980 年

和平里出租车站，大部分车都出去了，只有一辆三轮摩托车。1980 年

散装啤酒是 20 世纪 80 年代人们的最爱。1981 年

北京商业系统举办职工技能大赛，其中一项是捆啤酒。1982 年

等待批发冰棍。1985 年

和平里中街的延滨餐厅冷面很好吃。1984 年

和平里中街的烤白薯摊（两幅）。1982 年

和平里地区楼顶的电视天线，那时候电视信号不稳定。1983 年

蜂窝煤粉渣搅拌后晒干继续烧。1984 年

和平里地区使用管道煤气时，北京市的大部分地区蜂窝煤是家庭必备。1984 年

和平里中街粮店门口人们排队买馒头。1984 年

和平里蔬菜自选市场开张，是北京最早兴办的几个自选市场之一，背景楼是民族出版社旧楼。这是人们围观一辆撞了电线杆的卡车。1983 年

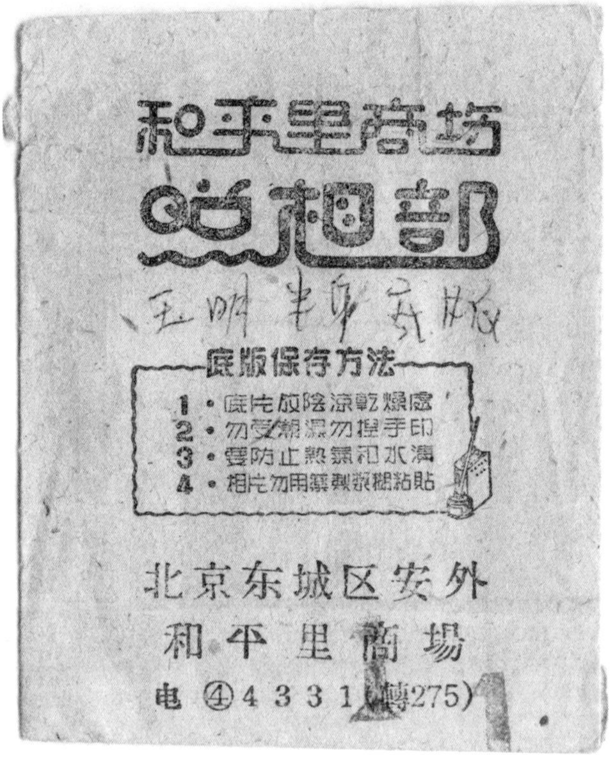

和平里照相馆原先在和平里商场内，后来迁至现址。

和平里照相馆已成老字号。2021 年

北冰洋汽水是当时的名牌饮料。1982年

个人购货证。

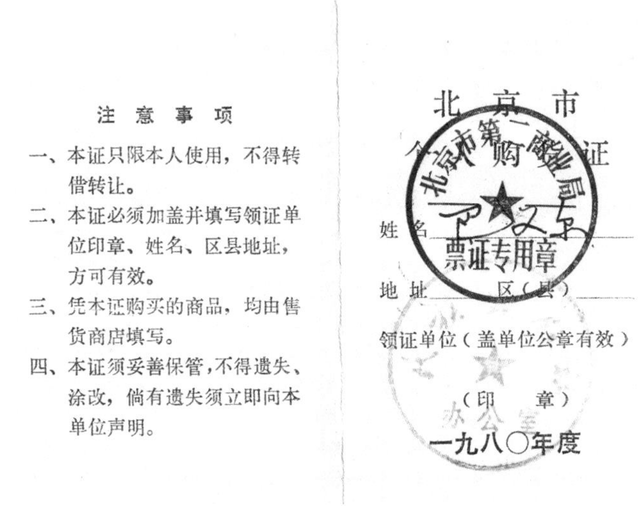

注 意 事 项

一、本证只限本人使用，不得转借转让。

二、本证必须加盖并填写领证单位印章、姓名、区县地址，方可有效。

三、凭本证购买的商品，均由售货商店填写。

四、本证须妥善保管，不得遗失、涂改，倘有遗失须立即向本单位声明。

北京市

个人购货证

北京市第二商业局

票证专用章

姓名

地址　　区（县）

领证单位（盖单位公章有效）

（印　章）

一九八〇年度

个人购肉卡片（清真）。

回民

北京市

个人购肉卡片

北京市第二商业局

（集体正式户口）

票证专用章

姓名

单位　　（盖章）

地址

1980年度

雍和宫大街上的糖葫芦摊。2023 年

地坛公园南门的金鼎轩是北京首家 24 小时营业的餐馆。2023 年

和平里西街的糖炒栗子摊。2023 年

和平里西街，李记元宵现场摇制。2023 年

和平里北街的公交车场利用自有场地和报废的公交车首开便民菜栈受到欢迎。2023 年

从小街桥往西看北护城河雍和宫段的劳动者们。1983 年

从小街桥往东看北护城河雍和宫段。 1983 年

从小街桥往东看北护城河雍和宫段玩耍的人们。1983 年

北护城河雍和宫段有水了。1983 年

从小街桥看护城河。2022 年

小街桥护城河冰上玩耍的人们。2022 年

鸡蛋从哪里来？和平里农贸市场。1982 年

歇后语：卖瓦盆的——说话一套一套的。和平里农贸市场。 1981 年

和平里农贸市场买沙发。1982 年

和平里农贸市场入口。1982 年

和平里农贸市场，人们在看一个旧衣柜。1981 年

和平里农贸市场的生铁炉子，那时蜂窝煤还是主要燃料之一。1982 年

逛农贸市场，抹好冷烫精。1983 年

和平里农贸市场品尝旱烟叶的人们。1980 年

买卖的眼神，和平里农贸市场。1983 年

同期兴起的什刹海东侧农贸市场，买卖双方经常有分量之争。1980 年

和平里农贸市场充气玩具摊。1982 年

和平里农贸市场的编织摊。1982 年

和平里农贸市场的花生米摊。1981 年

北京地坛公园古迹修葺中。1981 年

地坛公园修葺者。1982 年

地坛公园修葺中。1981 年

地坛公园小白桥修建中。1982 年

地坛公园小白桥。 2022 年

地坛公园的父子。1983 年

地坛公园里的爷孙。1982 年

地坛公园里读书。1981 年

地坛公园里读书。1983 年

地坛公园里休闲。1983 年

地坛公园里下棋。1983 年

地坛公园里打雪仗的孩子们。1982 年

地坛公园里士兵们在训练。1982 年

放学以后在地坛公园玩的学生，小水杯很卫生。1983 年

地坛公园里上活动课的孩子们。1981 年

20 世纪 80 年代北京各公园里这样的转椅很多。1980 年

地坛公园的转椅。1980 年

地坛公园的耍蛇人（两幅）。1983 年

地坛公园的旋转飞机。1983 年

地坛公园准备听戏的人们。1981 年

地坛公园里的票友演出（四幅）。1981 年

地坛公园里的票友（四幅）。1983 年

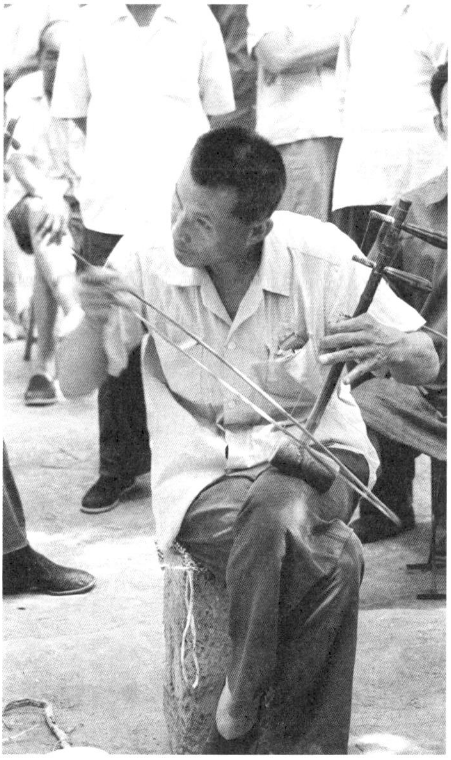

地坛公园里一位初中生熟练地说起长篇快板《数唱老北京》。2023 年

快板书爱好者每周末在地坛公园表演（两幅）。2023 年

地坛公园的练气功者。1989 年

地坛公园里打坐者。1989 年

地坛公园里的写生者。2019 年

地坛公园西门。2022 年

和平里中街的扫雪者。1984 年

地坛人防工程是改革开放初期的滑冰馆。2022 年

和平里来了耍猴儿的。1981 年

和平里七区来了耍猴儿的。1982 年

和平里的蝈蝈笼担儿（两幅）。1982 年

被蝈蝈笼吸引的小孩（两幅）。1982 年

和平里七区玩耍的男孩（两幅）。1981 年

安定门桥西侧的遛鸟人。1985 年

和平里西街的独轮青年。2022 年

和平里中街筒子楼前的弹弓少年。1984 年

和平里中街的收废品摊。1982 年

和平里物资回收站。2022 年

和平里地区的环卫工人。1983 年

地坛东门附近雪夜中的环卫工人。2020 年

和平里附近有执照的修车铺。1985 年

安定门北大街。1985 年

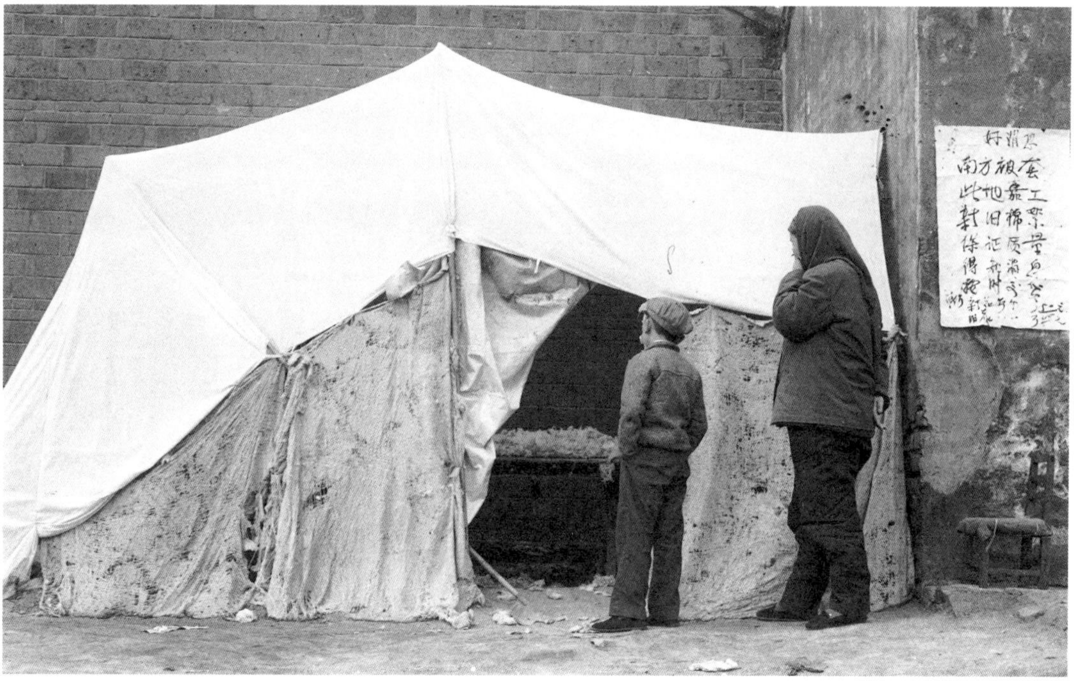

地坛公园附近的弹棉花摊。1980 年

地坛公园附近的弹棉花摊。1982 年

和平里七区街景。2009年

和平商业大厦。2020 年

代表作《潜海姑娘》《戴手铐的旅客》《少林寺》《红楼梦》等，歌曲《枉凝眉》《牧羊曲》《驼铃》《大海啊故乡》《太阳岛上》《大连好》脍炙人口。他写有 80 首歌词，他还是摄影家，是改革开放初期著名的“四月影会”发起人和组织者之一。他那时候也住和平里一区，和平里有文化部的很多宿舍。

我还拍过在和平街的中央乐团指挥家李德伦（回族），他曾任延安中央管弦乐团指挥，中国音乐家协会副主席，多次指挥大型交响音乐会，被誉为新中国交响乐事业的开创者和奠基人。还有歌唱家胡松华（满族），他在 1964 年大型音乐舞蹈史诗《东方红》中演唱《赞歌》成为经典，还在电影《阿诗玛》中演唱《马铃儿响来玉鸟唱》《阿诗玛，你在哪里》等。我还采访过中央乐团指挥家严良堃，还有著名作家玛拉沁夫（蒙古族），他历任《民族文学》主编、作家出版社社长，中国作家协会党组副书记、书记处常务书记，全国政协第八、九届委员，著有长篇小说《茫茫的草原》。21 岁创作短篇小说《科尔沁草原的人们》1952 年发表在《人民文学》引起轰动，后来拍成影片《草原上的人们》。其为电影作词的《敖包相会》和《草原晨曲》等歌曲已成经典。还有创建中国少数民族文学馆的作家和文学史家特·赛音巴雅尔（蒙古族）。中国作家协会主席、中国文联主席铁凝，2023 年当选为全国人大常委会副委员长。著名建筑专家蓝天（畲族），他是建筑结构专家，中国建筑科学研究院研究员、中国钢结构协会结构分会理事长。

擅长画老北京风俗的著名画家陈志农（蒙古族）出版过《旧北京风情：陈志农旧京街头速写集》《旧京百影：陈志农速写剪纸》《北京民俗剪纸艺术》《陈志农“画说老北京”》《山东汉画像石汇编》等专著，其全部作品保存在首都博物馆。

我还采访过的文化名人还有著名摄影家吴印咸，他曾任东北电影制片厂厂长、北京电影学院副院长、中国摄影家协会名誉主席。延安时代就拍摄毛主席、党中央的活动，留下了极其珍贵的摄影、电影资料。拍摄电影《风云儿女》《白求恩大夫》《生死同心》《马路天使》《都市风光》《红旗谱》，纪录片多部。摄影作品《白求恩大夫》和大量领袖照片成为经典，出版多部摄影专著。何世尧是《人民画报》记者，拍摄了著名的《长城》并在全国广泛流传，联合国大厅挂着的中国地毯图案就是来自他的《长城》，还被制成邮票。还有一大批民族三社的各民族的翻译家、出版家、媒体人、设计家等。比如降边嘉措，他原在民族出版社藏文室，后来调入中国社会科学院，是史诗《格萨尔》研究专家。

还有民族画报社原副社长李仲魁，他拍摄的《在结婚登记处》已列为摄影史名作。在安定门桥东北角的小区里还拍摄、采访过作家查干，摄影家李江树，他拍摄的《画家石鲁》是摄影史上的名作。还采访过雍和宫的佛学大师嘉木杨·图布丹。有著名摄影家吕厚民，他住任中南海多年，为毛主席、周总理等领导人拍了许多传世名作，后任中国文联副主席、中国摄影家协会副主席。有书画家胡絜青（满族、老舍夫人）。和平里兴化西里 12 号楼还住过一位重要人物：周恩来的弟弟周恩寿、王士琴夫妇，他们有三儿三女，最小的女儿周秉建是歌唱家拉苏荣的妻子。

还有民族出版社藏族画家和装帧设计家吾要，中国出版协会书籍设计艺术工作委员会副主任、全国新闻出版行业领军人才、第五届中国出版政府奖装帧设计奖评委，他设计的书籍多次获国家级大奖。蒙古族策展人那日松是北京 798 映画廊艺术总监，多次获业内最佳策展人荣誉，他主持的映画廊（映艺术中心）集画册编辑、理论研究、活动策划、教育培训、摄影书店、摄影展厅为一体，是中国摄影界一桩独特的支柱。还有摄影家李英杰，他曾任北京摄影家协会副主席达 30 年。

作为摄影者和媒体人，采访和平里周边的文化人物算是近水楼台。当然这些只是人物金字塔之一角。

和平里第五俱乐部曾经是这里的地标电影院，里面都是那种硬板的折叠椅，单号双号分列两边，20 世纪 80 年代第五俱乐部的电影票是 2 角钱。人们下班吃完饭在附近溜达，它那个小黑板上写着什么电影几点放映，人们就买下一场的。那时候就叫故事片，放映之前有《新闻简报》，就是专题纪录片，类似新闻联播，都是当时的建设成就，好人好事；也有一些知识性的专题，比如有个纪录片叫“方寸”什么的，讲集邮的魅力和意义。那晚回来我就把家信上的邮票都剪下来泡在水里开始了集邮，第二天把邻居的信封也都要来，脸盆里满满的都是邮票。那时候刚刚改革开放，很多邮票现在只能从市场上高价购买了。那时候不懂啊，其实连信封都存了更好。后来这里改成卡拉 OK，饭馆电商之类的。

和平里地区的现代文化遗存很多，比如毛泽东主席塑像，林业大院里有，北京化工大学院里也有。无论风雨，矗立在那里就是一种象征，一种力量。

民族出版社等三社的办公大楼也成为和平里十字路口的文化地标建筑，还有内设书店。宣示着书籍的力量。

44. 心系故乡，记忆代传

一个人对从小长大的地方不仅熟悉街区、道路，还眼看着它发生变化，不断地带来惊喜，这是幸福的过程。随着变化，把新旧对比着看，原来那里是什么，现在是什么，这跟人的成长是同步的，所以有感情。再加上相关的人和事儿，这地方就会牢牢地占据了心胸，就是故乡。于我而言，和平里是故乡，草原也是故乡，这种双故乡的好处是时时有着两种思维，它们频繁地切换，徜徉在两种文明间，感受着双方的异同，丰富着人生。

父辈带着草原文化的气息，从故乡来到京城，基本保持着蒙古文化的鲜明特征。新一辈人年富力强，有着旺盛的接受力及创造力，能够在京城立足并发挥自身的文化优势，回望草原，使二者有机融合，形成自己独特的观察及讲述视角。他们立足北京，所以在整体上看，草原和都市在民族文化层面上的纽带是延续的、强劲的，甚至可以依托京城优势移植民族文化，产生奇葩。比如连续举办 40 届的北京那达慕，又如当今非常火爆的各民族风味餐饮，更是京城一景。还有百听不厌的蒙古族歌曲，当今最优秀的蒙古族作曲家如腾格尔、乌兰托嘎、斯琴朝克图、三宝等都在北京，还有大批的文艺人才、科学人才等，都融入到了国家的发展大潮中。

留在大脑的记忆里是有限的，是会磨损的。当我进入摄影、新闻平台后，一定程度上弥补了头脑的短板，这就是大量的图片和文字描述，通过媒体、书籍、网络进入了集体记忆的矩阵。

很多人看过听过就忘了，但摄影者至少能够留下来一部分照片，它们有意无意地就成为历史的片段，还有着很大的解读空间。人们常说新闻是“易碎品”，摄影则不然，它们始终都是有价值的，而且日久更甚。照片不只是给摄影界看的，它是工具和载体，是全民的、全天候的，照片改变历史进程、影响决策的例子很多。

当今社会发展迅猛，中国的崛起更令世界瞩目。面对五彩缤纷日新月异的数字化、网络化、人工智能化时代，我们的五官和大脑应接不暇，但在我们的心内深处，总有一份空间保存着记忆，因为记忆不仅是情怀，也是一种感恩和责任。

20 世纪 80 年代经常有这样的宣传车巡街广播，都是播报重大活动、重要新闻内容等。1982 年

和平街文化站老年人曲艺队义务演出。1985 年

和平街社区的麻将桌。2023 年

民族出版社职工们在工间操时间拔河。1984 年

第五俱乐部外景。2022 年

国家林业和草原局西侧的书报摊。2022 年

位于北三环和平街的中国电影家协会和金鸡百花电影城。2023 年

位于东土城路的中国作家协会。2023 年

中国交响乐团指挥家李德伦。1996 年

中国交响乐团指挥家严良堃。2008 年

著名作曲家刘炽。1996 年

著名作曲家、摄影家王立平。1996 年

画家陈志农以创作老北京风俗速写、剪纸作品著称。1996 年

著名作家玛拉沁夫展示《草原上的人们》电影剧本原稿，插曲《敖包相会》流传至今。2006 年

中国交响乐团歌唱家胡松华。1996 年

著名作家、文学史家特·赛音巴雅尔主持创建了中国少数民族文学馆，2009 年。

中国作家协会主席、中国文联主席铁凝。2021 年

书画家胡絜青。1990 年

空间结构专家蓝天。1996 年

著名摄影家吴印咸。1992 年

著名摄影家吕厚民。2003 年

民族画报社原副社长李仲魁讲述名作《在结婚登记处》拍摄经过。2004 年

摄影家何世尧与成名作《长城》。2004 年

民族出版社翻译家奥尔黑勒擅长游泳，能在水中看书一小时。1982 年

藏族作家、英雄史诗《格萨尔》研究专家降边嘉措。2008 年

摄影家李江树。2004 年

原中国民族摄影艺术出版社社长兼总编辑殷德俭。2018 年

马头琴大师齐·宝力高（左）率马头琴乐团在中国交响乐团合练。2012 年

拉苏荣、周秉建夫妇与周秉建的母亲王士琴（中）。王士琴是周恩寿（周恩来弟）夫人。1996 年

下左：摄影家李英杰和他的名作《稻子与稗子》。2004 年

下中：画家、装帧设计家吾要（嘎玛·多吉次仁）。2018 年

下右：策展人那日松。2017 年

八　和平永驻

45. 安定门外和平里，安定、和平成为永恒

和平里的“里”字古代之意是街巷、小胡同，“五家为邻，五邻为里”。显然，如今的和平里范围已经远远超出旧意，正如中关村、魏公村不只是一个村。

北京的体量是巨硕的，北京的变化是飞速的，北京的历史是厚重的，北京的胸襟是博大的。相比之下，和平里地区是其天骄龙身之一鳞，20 世纪 70 年是其历史长河之一瞬，而这本小书的记录更是微细一粒，却也饱含真诚。

和平的主题应该是永恒的，没人希望动荡。所以这个地区就像一个人名，起了个好名字。好名字既是希望，也是行动纲领，大家就奔着和平去吧。来之不易的和平环境是无数先辈英烈们用鲜血甚至生命换来的，是无数建设者们成就的，观人类历史，唯有“和平”才是人间正道。一个家庭、一个地区、一个民族、一个国家，都应该了解自己的历史，温故而知新。如今温饱解决直达小康奔向强国了，还要记得曾经的衣衫褴褛和糠菜生活。

和平里西街的十字路口有个和平鸽的雕塑。由于周边地名都是和平里中街、北街、南街、东街等，相应的，单位学校和小区名称也有大量的和平字样，使得整个地区弥漫着祥和温暖的气氛，工作生活在这里，心里有一种自然的安定感——附近有安定门啊！

诞生于抗美援朝战争胜利、世界人民祈盼和平的时代，成就于“多快好省，鼓足干劲，力争上游”的激情燃烧年代，完善于改革开放时期，富强于当今“中国特色社会主义”发展新时代，和平里的面貌一日一变，目不暇接。

愿和平永驻。

和平里西街路口的和平鸽雕塑。2020 年

和平里的和平鸽。2022 年

参考书目

1. 《北京史》，北京大学历史系《北京史》编写组，北京出版社，1985 年。
2. 《北京名胜古迹》，北京市文物工作队编，北京旅游出版社，1988 年。
3. 《北京历史纲要》，曹子西主编，北京燕山出版社，1990 年。
4. 《清代治理边陲的枢纽——理藩院》，赵云田著，新疆人民出版社，1995年。
5. 《旧京人物与风情》，北京燕山出版社，1996 年。
6. 《北京文史资料》第62 辑，北京市政协文史资料委员会编，北京出版社，2000 年。
7. 《老地图老北京》，冯小思编著，北京燕山出版社，2005 年。
8. 《北京文史资料精选 · 东城卷》，北京市政协文史资料委员会编，北京出版社，2006 年。
9. 《皇家护国神王塔：北京白塔寺》，杨曙光著，民族出版社，2007 年。
10. 《和平里街道志》，方志出版社，2008年。
11. 《我们的回忆》，庞宝光等编著，民族出版社，2013 年。

后记

2002年和平里命名50周年时，经我组稿并编辑，在《民族画报》2002年第7期发了一组稿件，算是正式关注身边的事情了。2022年第9期《北京纪事》刊发了几千字的《和平里纪事》，更加速了本书的形成。

书中的324幅图片均为我1980年以来拍摄的，包括收藏的部分票证和报刊资料。图片的选择侧重于较早的内容，当下有很多人在拍，手机的普及和对图像的认知，使得大量的图像留存下来，极大地丰富了历史资料。而越早的图片越少，留下来的哪怕是质量勉强、内容平淡也聊胜于无。在“老照片”里除了按年代划分的硬杠杠之外，还有个模糊概念叫“陌生感”——在记忆的深处有它的位置，但是已经处于记忆的末梢了。比如那个楼还在，那个塔还在，那个人物似曾记得，但是周边的人物事物景物都变了，需要调动相当多的记忆和联想才能把历史的链条接续上。

这本书跟我以往做的文章和书籍一样，都是新闻和文学的融合。从引用的文献、拍摄的照片，涉及到的地名、人名、事件、时间等材料上看，都是真实的、有出处的，具备新闻属性。行文上则是纪实散文体，有口述般的道来和夹叙夹议，呈现出一定的文学色彩。图片按板块相伴在正文附近，尽量做到视觉效果最大化。

父母那个时代的人们在品格上讲究奉献、诚实，工作上讲究勤奋、认真，生活上讲究简朴、低调，所以为自己留下的东西很少，尤其是当今认为珍贵的成果、专著、论文、回忆、奖项荣誉等，在那个讲究集体主义荣誉的年代，个人得失微不足道。当然，从记录层面看难免缺失。

雁过留声，人过留名。一本书问世的时刻，犹如一个新生命的到来。既然来了，便有了一份责任，发光发热，奉献给予，不论长短，无分贵贱。这是许多中国少数民族知识分子的缩影，是社会发展大潮中的一片浪花。

对蒙古民族而言，民歌、故事、传说等便是最早的口述。如今记录历史、学术研究倡导资料多元化，使口述记录与文献资料、考古材料并列，拓宽了传统史学的视野。口述以其微观化的叙事具有亲历、在场、个性化的特点，成为理论化史籍的细节补充，生动、鲜活。家里的老物件可以贮藏很多信息，但是存放和流通不易，文字和图片就方便多了。由此，这些令人惊奇感动的记忆固化为书籍，而书籍的生命总会长于人的寿命。

以小见大，滴水见光，个体的家史成为国家进步的折射，便是可资共享的精神财富。倘若把口述家史、和平里地区的发展结合起来，它便有了某种内力，

2002-7 期《民族画报》刊登和平里稿件。

2022-9 期《北京纪事》摘发。

从而揭示“团结·进步”的主题——这四个字镶嵌在北京民族文化宫的大门上，既是过程，更是目的。观当今世界复杂多变之势，越发显示“团结”的重要性，而“进步”则是社会发展的主流。

《和平里纪事》的雏形是近三万字的散文，把北京城与各民族的交往史做了一个粗线条的梳理，引申到“和平”主题，便是人类之大寻了。微观是家庭生活，锅碗瓢盆酸甜苦辣；宏观是国家政策和时代进步。如此，散文就盛不下了，而要构建一本书，因为还有数以百计的图片。遗憾的是，对家庭和区情、族情、国情的认知是迟钝的，甚至是忽略的。倘若悟性早些来到，当比现在更为丰富。

对北京的认识也是逐步深入的。图到用时方恨少，文到写时才觉空。近年来关注北京史乃至和平里的发展历程过程中，得到了著名画家陈志农先生和其子陈沛箴兄的耐心讲解并提供珍贵资料，在梳理思绪做口述史的过程中得到了民族出版社编审、作家宝贵敏女士的热忱细致的帮助。谢树峰、白国义两位董事长资助本书出版。

感谢中国民族文化出版社张宇副社长担任责编并作序力荐，共同留下一份地区、民族、生活的小文献。

巴义尔

2023 春

巴义尔

1957 年生于北京，蒙古族，祖籍内蒙古科左中旗。《民族画报》原编委、蒙古文版编辑部原主任，高级记者。中国摄影家协会会员（1991—2002 年为理事），中国作家协会会员（2021 年出席中国作家协会第十次全国代表大会）。2006 年获中国摄影家协会授予的“突出贡献摄影工作者”称号，2016 年获国务院“政府特殊津贴”。迄今已发表文字类作品逾 500 万字和上万幅图片，有数百组专题摄影报道发表，其中多组获业内奖项并被转载、翻译。

2018 年 6 月 16 日中国人民大学国学院、中国蒙古史学会联合主办“巴义尔蒙古写意——游牧文明的视觉化表达学术研讨会”。

专著

蒙古族人物类

1.《蒙古写意——当代人物卷一》，图文书，民族出版社，1998 年。
2.《蒙古写意——当代人物卷二》，图文书，民族出版社，2001 年。
3.《蒙古写意——当代人物卷三》，图文书，民族出版社，2007 年。
4.《蒙古写意——当代人物卷四》，图文书，民族出版社，2014 年。
5.《蒙古写意——当代人物卷五》，图文书，民族出版社，2022 年。
6.《蒙古人们》,126 位蒙古族人物摄影画册,中国民族摄影艺术出版社,2015 年。
7.《蒙古写意·人物卷——陈志农画说老北京》，图文书，合编，民族出版社，2003 年。
8.《蒙地写意》，蒙古族人物散文集，民族出版社，2021 年。
9.《草原撷英：巴义尔微型专题报道集》，670 位蒙古族人物摄影画册，新华出版社，2021 年。

游牧文明类

10.《永远的骑兵》，图文书，民族出版社，列入新闻出版总署纪念中国人民解放军建军 80 周年重点图书，2007 年。
11.《蒙地色彩》，486 页摄影画册，中国民族摄影艺术出版社，2011 年。
12.《游牧色彩》，708 页摄影画册，中央民族大学出版社，2015 年。
13.《游牧精神》，图文书，辽宁民族出版社，2016 年。

14.《写意草原》，摄影画册，内蒙古文化出版社，2017 年。
15.《蒙古人马情》，图文书，内蒙古文化出版社，2019 年。
16.《那达慕》，图文书，内蒙古人民出版社，2019 年。
17.《北京那达慕 40 年》，400 页摄影画册，《呼伦贝尔摄影》特刊，2020 年。

地理文化类

18.《蒙古摇篮——额尔古纳》，图文书，民族出版社，列入当年中宣部、文化部、新闻出版总署等 9 部委实施的《知识工程——中华全民读书活动》推荐书目，2005 年。
19.《呼伦贝尔大草原》，图文书，中央民族大学出版社，2010 年。
20.《满洲里》，图文书，中央民族大学出版社，2011 年。
21.《科尔沁》，图文书，中央民族大学出版社，2017 年。
22.《和平里纪事》，图文书，中国民族文化出版社，2023 年。

摄影媒体类

23.《烙刻——记忆中的影像》，图文书，作家出版社，2006 年。
24.《纸媒贵族》，图文书，中国民族摄影艺术出版社，2015 年。
25.《民族画报〈蒙古文版〉》画册，主编，民族画报社，2017 年。
26.《专题摄影十法》，图文书，中国民族摄影艺术出版社，2018 年。
27.《人物摄影十法》，504 页摄影画册，内蒙古文化出版社，获第二十二届北方优秀文艺图书奖一等奖，2020 年。

图书在版编目（CIP）数据

和平里纪事 / 巴义尔著 . -- 北京：中国民族文化出版社有限公司，2023.4
ISBN 978-7-5122-1715-7

Ⅰ．①和… Ⅱ．①巴… Ⅲ．①北京－地方史 Ⅳ．①K291

中国国家版本馆 CIP 数据核字 (2023) 第 067021 号

和平里纪事
HEPINGLI JISHI

作　　者：巴义尔
责任编辑：张　宇
装帧设计：姚　宇
责任校对：李文学
出　　版：中国民族文化出版社
地　　址：北京市东城区和平里北街 14 号（100013）
发　　行：010-64211754　84250639
印　　刷：北京博海升彩色印刷有限公司
开　　本：787mm×1092mm　1/16
印　　张：15.5
字　　数：150 千
版　　次：2023 年 5 月第 1 版第 1 次印刷
标准书号：ISBN 978－7－5122－1715－7
定　　价：156.00 元